广东省教育科学"十三五"规划2019年度高校哲学社会
（2019GXJK033）

经济管理学术文库·经济类

农产品特性对"互联网+"的影响机理：平台经济视角下的农产品电子商务

The Influence Mechanism of the Characteristics of Agricultural Produce on the "Internet＋": E-commerce of Agricultural Produce from the Perspective of Platform Economy

李 鎏／著

经济管理出版社
ECONOMY & MANAGEMENT PUBLISHING HOUSE

图书在版编目（CIP）数据

农产品特性对"互联网+"的影响机理：平台经济视角下的农产品电子商务/李鎏著.
—北京：经济管理出版社，2021.1
ISBN 978－7－5096－7716－2

Ⅰ.①农…　Ⅱ.①李…　Ⅲ.①农产品—电子商务—研究　Ⅳ.①F724.72

中国版本图书馆 CIP 数据核字（2021）第 016630 号

组稿编辑：曹　靖
责任编辑：曹　靖　郭　飞
责任印制：赵亚荣
责任校对：陈　颖

出版发行：经济管理出版社
　　　　　（北京市海淀区北蜂窝 8 号中雅大厦 A 座 11 层　100038）
网　　址：www.E－mp.com.cn
电　　话：（010）51915602
印　　刷：北京玺诚印务有限公司
经　　销：新华书店
开　　本：720mm×1000mm/16
印　　张：16
字　　数：218 千字
版　　次：2021 年 2 月第 1 版　　2021 年 2 月第 1 次印刷
书　　号：ISBN 978－7－5096－7716－2
定　　价：88.00 元

前　言

　　农村一二三产业融合发展是促进农业产业化升级、农村发展方式转变、农民收入渠道拓宽的现实选择，而高新技术产业的应用发展与农业等传统产业改造升级是紧密相连的，两者间的互动演化呈现出了两个产业间技术渗透融合的特征。互联网技术对农业生产经营渗透融合再造的"互联网＋农业"成为推进农村一二三产业融合发展的切入点，引领驱动传统农业转型升级。互联网技术在农产品流通经营领域的渗透融合演化形成的农产品电子商务近年来发展势头迅猛，2018 年我国农产品的网络零售额为 2305 亿元，而到 2019 年农产品的网络零售额增至 3975 亿元，比 2018 年增长了 72.45%，相较于 2016 年增长了 1.5 倍，农产品上行的拉动效应明显；特别是自 2013 年以来，生鲜农产品电子商务呈井喷式发展，其被称为可能是互联网领域最后一片"蓝海"，也被认为是引领驱动传统农业产业化升级，实现小农户与大市场有机衔接的有效载体。然而，互联网的泛在性接入、普惠性应用在农业和农村领域渗透不充分、发展不均衡，"数字鸿沟"的现象在部分偏远地区依然存在；另外，农产品具有异质性，其品类特征和产品特性是关键，不同品类、不同特性的农产品在农产品电子商务的融合模式、融合程度和融合效果等方面存在显著差异；最后，由于农产品消费具有体验式倾向和主观化评价的特点，消费者需求呈现产品特征差异化；而小农户因资源禀赋差异，农业生产技术和农产品经营意识不一，与现代化市场流通的规模化、标准化、品牌化要求存在不同程度的差距，产出的有效供给不足。总之，在农产品电子商务平台及其交易主体（农产品生产者和消费者）、交易客体（农产品）等方面均存在不同程度的问题和挑战，消费者需求结构变化和农产品有效供给不足的矛盾依然显著。这就需要从整个交易系统整合角度出发，将三者纳入同一个研究框架进行探讨分析。

因此，本书比较关注的是：小农户是如何通过农产品电子商务平台实现与大市场有效衔接的？其背后的作用机制是怎样的？实际观察农产品电子商务平台的具体运营发现，不同品类的农产品在"互联网＋农业"的农产品电子商务运营实践中融合程度和融合效果是有差别的，即便在同一电商平台具有相似运作方式的不同品类农产品，其经营绩效也存在差异。由此可见，农产品所属品类特征和产品特性差别与农产品电子商务平台互联网技术渗透融合的程度和效果差异可能是解释消费者和小农户决策差异和匹配的关键要素。由此，针对以上核心主题，将本书的主题定位于：农产品消费者的消费决策受哪些因素主导？小农户生产者的经营决策机制是怎样的？农产品电子商务平台匹配衔接生产者和消费者双方需求的作用机制是怎样的？

针对上述问题，本书在前人研究成果的基础上，以产业融合理论、交易费用理论和平台经济理论为指导构建了一个"产品特性—交易费用—平台机制"的一体化研究分析框架，从品类特征、产品特性分析切入，利用笔者所进行的农产品消费者在线调查问卷和开展实地调研的农户生产者调查问卷的调查访谈数据对理论分析框架进行了实证检验。

本书得到如下结论：①农产品电子商务的演进逻辑是：互联网技术与传统商业流通领域渗透融合形成的电子商务业态的可交易商品品类逐步扩散至农产品流通领域的演化过程。品类特征和产品特性是农产品电子商务研究的关键分析变量。②影响农产品消费者消费决策的主导因素是农产品的品类特征。相对于其他品类农产品，消费者更倾向于通过大型的普通商品电子商务平台购买商品化和标准化程度相对较高的加工类农产品；更倾向于通过专业生鲜电子商务平台和社交电子商务渠道，购买商品化和标准化程度相对较低的日常消费类生鲜农产品及体验增值类生鲜农产品。消费者选择购买的电子商务渠道模式与农产品品类特征匹配，消费者实际是根据其所需农产品的品类特征来选择相对应的电子商务购买渠道。③小农户生产者的经营决策机制是产品特性关联交易费用影响农户线上销售判断。包装要求越严格，采用互联网销售的可能性越高；存储条件越苛刻，采用互联网销售的可能性越低；地域性越明显，采用互联网销售的可能性越高。线上交易费用的高低与农产品特性的关联，生产者实际是根据其所生产农产品的产品特性并结合自身发展理性来判断其产品对应的在线交易费用而决定是否采用互联网销售。④农产品电子商务平台的作用机制是融合程度于融合效果的直接影响之技术效应与间接影响之渠道效应的综合作用。经实证检验存在融合程度直接影响"互联网＋农业"的技术效应、融合程度通过产品特性间接影响"互联网＋"的渠道效应的作用机制。

目　录

第1章 导论

1.1 研究背景与问题提出

1.1.1 研究背景

（1）现实背景。

第一，农村一二三产业融合发展是促进农业产业化升级、农村发展方式转变、农民收入渠道拓宽的现实选择。

随着我国经济发展和对城乡人员流动限制的放松，农村劳动力大量向城镇、非农就业转移。国家统计局《2018 年农民工监测调查报告》数据显示，2018 年，全国农民工总量为 28836 万人，比 2017 年增加 184 万人，增长0.6%；与 2008 年建立农民工统计监测调查制度时相比增加了 6294 万人，年均增长约 2.5%；而《中国统计年鉴》数据显示，同期农村就业人口递减，2018 年全国乡村就业人员为 34167 万人，比 2008 年减少了 9294 万人，减少

21.38％；且从事第一产业就业人员递减，2018 年全国乡村就业人员中仅有 20258 万人从事第一产业，占比 59.3％，比 2008 年减少了 9665 万人，减少 32.3％。国家统计局网站信息显示，2019 年末，我国按常住人口口径统计的城镇化率达 60.60％，可以预见，随着城镇化水平的进一步提升，农村劳动力还将继续转出。事实上，农村常住人口的主体是留守老人、妇女和儿童，农民老龄化、农村"空心化"和农业兼业化日趋严重。第三次全国农业普查主要数据公报显示，2016 年，全国农业生产经营人员中 55 岁及以上人员占比达 33.6％，女性占比 47.5％，农业劳动力中老人和妇女成为了主要力量，农业生产呈现老龄化、妇女化。2011 年，我国有 266.9 万个自然村，2017 年减少为 244.9 万个[①]；另外，以"田不好种"和"种田不划算"为具体表现的农业生产关系与农村发展水平不匹配所造成的农村土地闲置情况不容忽视（李永萍，2018），经推算 2013 年有约 15％的农用土地闲置[②]，部分地区村庄凋敝、耕地闲置，农村"空心化"现象逐渐显现。从农村居民人均可支配收入构成情况来看，第一产业经营净收入占比逐年下降，从 2013 年的 30.1％下降到 2018 年的 23.9％，年均下跌超过 1.2％[③]，农业生产经营作为农民收入来源的主体地位正不断被弱化为从属地位，农业兼业化现象日趋显著。我们面对的是农业如何增效、农村如何繁荣、农民如何增收等一系列发展现实问题。为应对这些重大问题，2015 年中央一号文件提出了"推进农村一二三产业融合发展"的重大战略举措，这也被视为进一步转变发展方式的创新思路。此后，每年的中央一号文件对农村一二三产业融合发展都有所涉及（2016 年提出了"推进农村产业融合，促进农民收入持续较快增长"；2017 年提出了"壮大新产业新

---

① 资料来源：《2017 年城乡建设统计年鉴》。

② 国家有关部门并未对农用土地闲置情况进行专门统计，此处引用《中国家庭金融调查报告2014》有关数据。

③ 资料来源：《中国农村统计年鉴》。从 2013 年开始，统计口径调整为农村居民人均可支配收入及构成，2012 年之前的统计口径为农村居民总收入和纯收入，故只引用自 2013 年开始的数据。

业态，拓展农业产业链价值链"；2018 年提出了"构建农村一二三产业融合发展体系"；2019 年提出了"发展壮大乡村产业，拓宽农民增收渠道"；2020 年提出了"发展富民乡村产业"）。从近年的具体实践来看，农村一二三产业融合发展取得了一定成效：农业农村部有关数据显示，2017 年农产品加工企业的主营业务收入超过了 22 万亿元，和农业总产值的比值从 2012 年的 1.9 : 1 上升到了 2017 年的 2.3 : 1；2017 年，全国休闲农业、乡村旅游共接待游客累计 28 亿人次，营业收入达 7400 亿元；订单生产型农户比例达 45%，经营性收入增加约 67%，年平均返还或利润分配达 300 余元①。农村一二三产业融合发展成为了助力乡村振兴，促进农业增效、农村繁荣和农民增收的现实选择。

第二，"互联网 + 农业"是推进农村一二三产业融合发展的切入点，是引领农业转型升级的驱动力。

农村一二三产业融合发展归根结底就是产业融合在农业农村领域的具体表现。而产业技术创新和扩散无疑是推动产业融合发展最重要的驱动因素之一（Weaver B.，2007）。利用高新技术改造提升传统产业，实现高新技术与传统产业的协同融合是我国创新驱动战略的重要着力点。以互联网为代表的现代信息技术和以农业为代表的传统产业间的碰撞、交织、融合、重塑是"互联网 + 农业"的生动实践，也是国务院《关于积极推进"互联网 +"行动的指导意见》的重要组成部分。互联网技术被认为是 20 世纪最伟大的科学技术发明之一。根据中国互联网络信息中心（CNNIC）发布的第 45 次《中国互联网络发展状况统计报告》数据，截至 2020 年 3 月，我国的网民规模达 9.04 亿人，互联网普及率达 64.5%；其中，手机网民的规模达 8.97 亿人，手机上网率达 99.3%，互联网已经成为了我们生活中不可或缺的重要组成部分。"互联网 + 农业"是以互联网为核心的一整套新信息技术（包括了移动互联网、大

---

① 资料来源：中央政府门户网站 www. gov. cn/xinwen/2018 – 06/16/content_ 5299182. htm。

数据、云计算和物联网等）在农业产业的渗透扩散和应用过程，其不断通过资源整合、要素互联和信息共享，全面地改进了传统农业生产经营的基础设施、农技装备，深度重塑现代农业经营模式、组织形态和产业业态。互联网泛在接入助力乡村振兴的成效已初步显现，有关数据显示①，截至 2018 年底，全国农村地区宽带用户总数达 1.17 亿户，农村地区网民规模达到 2.22 亿人；4G 网络信号已覆盖我国 100% 的乡镇、约 81% 的行政村，宽带光纤覆盖我国约 89% 的乡镇、约 65% 的行政村；2018 年，我国农产品网络零售额达 2305 亿元，同比增长 33.8%；农业生产经营中互联网技术的应用不断深化，农业农村部先后在 21 个省份开展了 8 种农产品的大数据试点工作，运用大数据决策服务、引导产销正逐步推开；农业农村部组织 9 个省份开展了农业物联网的区域实验，发布了节本增效的产品技术、应用模式 426 项，以新疆生产建设兵团棉花大田种植为例，集成应用了农业物联网技术，使综合应用效益平均每亩增加约 210 元；截至 2018 年底，全国已建成并运营 27.2 万个益农信息社，累计提供公益信息服务 9579 万人次，开展便民互助服务达 3.14 亿人次，面向农民开展手机应用技能培训的覆盖受众超过千万人次，"三农"信息服务已逐渐深入乡村②。总体来看，"互联网＋农业"推进农村一二三产业融合发展已取得一定成效。

第三，农产品电子商务是互联网信息技术与农业生产经营渗透融合的新业态，是衔接小农户和大市场的有效载体；但农产品上行仍面临各种挑战，消费者需求结构变化和农产品有效供给不足的矛盾依然显著。

"大国小农"是现阶段我国的基本国情、农情。第三次全国农业普查主要

---

① 资料来源：新华网 http：//www. xinhuanet. com/2019 － 05/24/c_ 1124539024. htm。
② 资料来源：根据中央政府门户网站 http：//www. gov. cn/xinwen/2018 － 07/02/content _ 5302814. htm 和新华网 http：//www. xinhuanet. com/fortune/2019 － 05/08/c_ 1124466931. htm？ spm ＝ zm5129 －001. 0. 0. 1. oDVg71 有关内容整理。

数据公报显示，2016 年，全国农业经营户有 20743 万户，其中 398 万户为规模农业经营户，换言之，小农户数量占到农业经营主体的 98% 以上；此外，小农户从业人员约占总农业从业人员的 90%，小农户经营的耕地面积约占总耕地面积的 70%①。由此可见，在未来一段较长时间内，小农户都将是我国农业农村发展的重要现实基础。而小农户与大市场往往因各种因素导致衔接不畅，生产消费信息不对称，农产品买难卖难的问题突出。随着互联网等信息技术在农业生产经营产业链上的不断渗透扩散，互联网技术应用链条向农业产业上下游拓展延伸，与农业生产、加工、流通等各环节协同融合、改造重塑，倒逼农业生产标准化、经营规模化，不断提升农产品品质，降低生产交易成本，促使农业生产经营水平不断提升，驱动农业现代化转型升级。在这个动态融合过程中，农产品电子商务迅猛发展，新业态蓬勃成长，农产品供需失衡等一系列问题得到了不同程度的缓解。有关数据显示，2018 年我国农产品的网络零售额为 2305 亿元②，而到 2019 年农产品的网络零售额增至 3975 亿元，比 2018 年增长了 72.45%，相较于 2016 年增长了 1.5 倍③，农产品上行的拉动效应明显；2018 年，我国乡镇快递网点的覆盖率达 92.4%，农村地区累计收投快递 120 亿件，2019 年，全国农村地区收投快递超过 150 亿件，占全国业务总量的 20% 以上，乡村物流等支撑服务体系不断完善；2018 年，电子商务进农村综合示范不断聚焦脱贫攻坚，全年新增示范县 260 个，其中，国家级的贫困县 238 个（深度贫困 64 个），欠发达的革命老区县 22 个。2018 年，全年国家级贫困县的网络零售额达 697.9 亿元，同比增长 36.4%，农产品电子商务扶贫效果显著；以移动互联网为中心的社交电商、直播带货、内容电商等新业态模式

---

① 资料来源：国务院新闻办公室网 http://www.scio.gov.cn/34473/34474/Document/1648264/1648264.htm。
② 资料来源：《中国电子商务报告 2018》。
③ 资料来源：中国政府网 http://www.gov.cn/xinwen/gwylflkjz72/index.htm? gov。

不断向农产品渗透扩散，为农产品上行搭建了新的通路，拼多多公布的数据显示，2018年，该平台的农产品和农副产品的订单总额合计653亿元，较2017年增长了233%，初步实现了分散生产经营与个性化消费的有效衔接，互联网技术开始在生产小农户和消费大市场之间架起了直接沟通对接的"桥梁"。

与此同时，互联网的泛在性接入、普惠性应用在农业和农村领域渗透不充分、发展不均衡，"数字鸿沟"现象在部分偏远地区依然存在，数字乡村的战略目标依然是乡村振兴战略的重要内容。另外，农业生产受地理区域、气候变化等自然因素影响较大，其生产特性决定了农产品的异质性，即便同一产区同一品种的农产品在物理规格、口感品质等方面也会存在细微差异，很难实现完全统一，而不同品类的农产品在出产地域、存储条件、包装要求等产品特性方面的差异更大，这就导致了同一品类农产品、不同品类农产品等与农产品电子商务的融合应用模式和程度存在显著差异。此外，小农户因资源禀赋差异，农业生产技术和农产品经营意识不一，在生产经营环节应用互联网等信息技术的意愿、能力和条件不同，与现代化市场流通的规模化、标准化、品牌化要求存在不同程度的差距，产出的有效供给不足；且其与农业产业链上其他相关主体的利益取向不一致，利益连接机制不完善，相互协同不充分，这些都会影响小农户所生产的农产品在农产品电子商务中的表现，农产品上行的效率和效果依然面临极大挑战。

（2）理论背景和研究进展。

第一，技术创新是驱动产业融合理论与实践发展的根本动因，技术融合特别是高新技术产业与传统产业的渗透融合是与实践紧密结合的理论前沿。

产业融合（Industry Convergence）理论研究在过去的数十年间日趋丰富。围绕着产业融合理论"是什么"——定义（Greenstein 和 Khanna，1997；Pennings 和 Puranam，2001；Stieglitz，2003）；"为什么"——动因（Poter，1985；Yoffie，1997；Lei，2000；Stewart D. W. 和 Zhao Q.，2000；植草益，2001；

Hacklin 等，2005；Hacklin，2008）；"怎么样"——效应（Alfonso 和 Salvatore，1998；Pennings 和 Puranam，2001；Hacklin 等，2005）等方面开展了卓有成效的探索。

事实上，产业融合现象始于不同产业间的技术关联（Sahal，1985），回顾产业融合理论的演进脉络，不难发现技术创新和变革是贯穿推进理论发展的主线。数字信息技术的发展导致其与传统产业间的交叉渗透是产业融合现象引起讨论和关注的开端。早期产业融合的讨论多关注于讨论信息技术产业、通信产业（ITC）和传媒产业"三网"融合发展（Yoffie 等，1997；Lei，2000；Stieglitz，2003）。类似的讨论也逐步外推到纳米生物技术（NBT）、化学、制药和食品行业等。随着研究的深入，对产业融合的研究已经不再局限于具体的案例分析和描述实证，并且尝试进行了具有一定抽象性的系统理论分析和实证检验，包括对技术融合的福利效应分析（Jun Ruan 等，2008）；利用市场饱和指数来分析融合产生的原因（Junmo Kim，2008）；运用技术分类分析法分析太阳能产业的技术融合（Chunjuan Luan 等，2013）；对技术融合的监管和规制（Susan J. Drucker 和 Gary Gumpert，2014）；利用大量非结构化数据分析产业融合的动态模式（Namil Kim 等，2015）；高新技术产业间融合的扩散模式（Hyeokseong Lee 等，2016）；电信装备业产业融合的联盟经验转移效应（Sean T. Hsu 和 John E. Prescott，2017）；企业合作创新战略对技术融合的影响分析（Kyunam Kim，2017）；高新技术产业发展的测度和融合（Xiao ZeLei 和 Du Xin Ya，2017）；融合时代的广播和电信产业（Hwanho Choi，2018）；构建产业融合评价模型，运用耦合理论测算融合程度来分析对产业竞争力的作用机制（Weiliang Chen 等，2019）；构建评估高科技环境下行业融合的新框架（Nathalie Sick 等，2019）；产业融合的演化模式和网络结构特征（P. S. Heo 和 D. H. Lee，2019）；运用大规模专利分析预测技术驱动的产业融合（Ohjin Kwon 等，2019）；交易成本、融合收益与农村三产融合推进乡村振兴的驱动机制（Tan，2019）；使用非参数化编程框架研究美国产业间的技术追赶和结构融合（Jean – Philippe Boussemart 等，2020）。从以上的研究成果中不难发现，技术融合特别是高新技术产业与传统产业的渗透融合是与实践紧密相连的理论前沿。

高新技术产业发展与传统产业改造升级是紧密相连的，这个过程并不是简单的替代淘汰，也不是单纯的竞争压制，而是两者协同发展，融合共生的过程；两者间的互动演化是两个产业间渗透融合，通过资源平衡和市场共享来实现协同共赢（董树功，2013），这也是国家创新系统发挥创新驱动的引领作用并不断发展的核心动力（Robertson 等，2009）。因此，只有将高新技术与传统产业结合起来，技术创新才能满足社会发展复杂多样的技术需求；同样，传统产业只有不断实现对高新技术的适应性采纳应用，才能推动自身的成长和结构性技术变迁，为后续的创新发展提供空间。换言之，高新技术如果没有对农业、工业等传统产业的渗透扩散、融合应用，其仅是抽象科学原理外延衍生的技术物化原型。

第二，农产品电子商务与电子商务的理论研究既有联系又有区别，产品属性特点、交易要素条件和交易双方特质是两者主要差别也是农产品电子商务的研究重点。但目前缺乏从交易全局角度整合三者纳入同一研究框架维度的综合性分析。

电子商务是互联网技术在传统商品流通领域渗透扩散而融合形成的新产业，农产品电子商务特别是生鲜农产品电子商务被认为是该产业领域最后一片"蓝海"（赵晓萌、寇尚伟，2016）。我国的电子商务发展经历了一个单纯模仿、重点突破到创新驱动的发展历程（李广乾、陶涛，2018），已经成长为了全球最大网络零售市场①和世界增长最快电子商务市场②。显然，电子商务发展不是一蹴而就的，需要有利于其发展的基础条件，包括可获取、可负担、可应用的互联网和数字基础设施（Oxley 等，2001；Molla 等，2005；Uzoka 等，2007；Lawrence 等，2010；Guzzo 等，2016），完善的交通网络和便捷的物流服务，具备创新精神和实践技能人力资本积累（Molla 等，2005；Nyame 等，2013；Astuti 等，2014；Rahayu 等，2015），政府的政策支持和监管规制（Rahayu 等，2001；Scupola，2006；Lawrence 等，2010；郭红东，2016；OECD，2017），相关经营主体的规模和市场力量（Willis，2004；UNCTAD，2004；Molla 等，2005；Saffu 等，2013；Rahayu 等，2015）等。另外，电子商务发展可以直接或间接带动就业（Mandel，2017；Mckeinsey，2018；BCG，2019），也可能对就业产生负面影响（Terzi，2011；Americo 等，2018；Chava 等，2018）。而在对经济社会发展的影响方面，电子商务的发展可以通过减少信息不对称（M. D. Smith 和 E. Brynjolfsson，2001；Willis，2004；）、降低交易成本（Litan 等，2001；Fine C. 和 Daniel R.，2001；Maguire，2003；Bajari 和 Hortacsu，2003；Hong 和 Shum，2006；Kumar 和 Petersen，2006；Levin，2011；Lieber 和 Syverson，2012；）、降低价格（E. Brynjolfsson 和 M. D. Smith，2000；Goldmanis 等，2010；A. D. Goolsbee 和 P. J. Klenow，2018；Jo 等，2019）和创造交易增加消费（Bakos，2001；Gorodnichenko 和 Talavera，2017；Zeng，2017）来提升经济效率和社会福利。此外，电子商务的效应呈现出地区差异和群体差异，相对来说电子商务对农村和偏远地区的主体带来的改善更显著（Sinai 和 Waldfogel，2004；Forman，2005；Hortacsu 等，2009；Couture 等，2018；Fan，2018），但因个体禀赋差异也可能引致电子商务的积极效应向人力

---

① 资料来源：《中国电子商务报告 2018》。
② 资料来源：《电子商务发展：来自中国的经验》。

资本、社会资本和物质资本等积累较多的群体倾斜（OECD，2017；曾亿武等，2018；Couture 等，2018）①。

农产品电子商务是电子商务的组成部分，是随着电子商务发展与其适配的可交易品类扩散至农产品领域而演进发展的。农产品电子商务与电子商务的理论研究既有联系又有区别，也与其实践发展现状密切相关（Jiang H. 和 Yang J.，2007；成晨、丁冬，2016；刘静娴、沈文星，2016；刘建鑫等，2016；谢天成、施祖麟，2016；王晓红，2016；张驰、宋瑛，2017；王小兵等，2018；张新洁，2018）。农产品电子商务与电子商务一样可以通过互联网技术实现小农户与大市场的有效对接（Parker 等，2016），但其发展与电子商务的发展却是不同步的，这里就存在一个电子商务就绪度（E‑readiness）的问题（Kurnia S.，2008；Molla A. 等，2010；郑亚琴等，2011；Masouleh 等，2014）。农产品电子商务的售卖对象是农产品，标准化的产品是适配电子商务的重要前提（Shu G. 等，2007），而在我国农产品的标准化程度低且缺乏规范的农产品标准体系方面，其标准化问题亟待解决（胡天石，2004；张胜军等，2011；王沛栋，2016；郑红明，2016；颜强等，2018）。而且一般农产品易腐坏不耐储，流通损耗高，对物流配送要求高，其物流成本总体相对较高（易法敏，2007；赵晓飞、田野，2009；向敏等，2015；马晨、王东阳，2019）需要优化改进流程（Wang 和 Deng，2014；王娟娟，2014；Yang D.，2014）。对于农产品电子商务的交易双方，也存在区别于普通电子商务交易双方的特点。对农产品生产的主要群体小农户来说，其采纳应用农产品电子商务的意愿是根据基础性条件变化而改变的（Jamaluddin N.，2013），同时也受教育、收入等自身禀赋条件影响（Cao J. 和 Wang Y.，2012），需要采取有针对性的便利化措施加以改变（Henderson J. 等，2004）。另外，对农产品消费者来说，在网上采购以食用为

① 资料来源：《电子商务发展：来自中国的经验》。

主的农产品购买意愿是复杂因素综合作用的结果（Pouratashi M.，2012；Yu
和 Zhao，2013；何德华，2014；林家宝等，2015；Lu Y. 等，2015；徐静，
2016；韩丹，2018）。当农产品电子商务应用于帮扶边远山区和贫困地区农民
脱贫攻坚时，就形成了电商扶贫（刘同德，2016；颜强，2018；张夏恒，
2018）。

总之，电子商务背后的商业逻辑才是其本质，而互联网技术只是其实现的
手段和工具（郑淑蓉、吕庆华，2013）。对农产品电子商务而言，其产品属性
特点、交易要素条件和交易双方特质是其区别于普通电子商务的核心属性，也
是其背后商业逻辑的本质所在，更是当前农产品电子商务理论研究的重点和热
点。从整个交易的系统化角度来看，这些本质要素可以抽象归纳为农产品电子
商务交易的主体（交易双方的人）和客体（农产品和交易的安排），显然它们
应被纳入一个整体化的研究框架视域内来进行综合考察，才能更加系统深入地
探究农产品电子商务背后的本质逻辑。而现有的研究成果虽然颇丰，但主要从
农产品电子商务交易的单个要素角度出发，就交易模式、交易对象或交易双方
行为逻辑等分别开展从质性分析到实证研究等程度不一的理论探索，相对缺乏
从更宏观的整个交易全局视角的综合研究分析，侧重有余而整合不足。此外，
支撑消费者购买行为和农户技术采纳缺乏行为研究最重要的是来自农产品电子
商务平台实际交易行为大数据，但因涉及商业机密和客户隐私而不具有数据可
获得性。目前，实证研究的数据多来自单方面向消费者或者单方面向农户开展
的调查访谈数据，数据来源上也就无法整合到一个研究框架内。这为我们提供
了一个可行的研究方向。

1.1.2　问题的提出

农村一二三产业融合发展是促进农业产业化升级、农村发展方式转变、农
民收入渠道拓宽的现实选择。而高新技术产业的应用发展与农业等传统产业改

造升级是紧密相连的，两者间的互动演化呈现出两个产业间技术渗透融合的特征。互联网技术对农业生产经营渗透融合再造的"互联网＋农业"成为了推进农村一二三产业融合发展的切入点，引领驱动传统农业转型升级。而互联网技术在农业生产经营产业链条上的融合主要朝两个方向发展，上游的农产品生产环节和下游的农产品流通环节。两者面向的分别是农业生产者、农产品生产活动和农产品消费者、农产品流通消费环节，生产环节呈现出产业互联网特征，流通环节呈现出消费互联网特征。相对来说，由于电子商务在我国成熟发展所积淀的消费习惯和群体基础，互联网技术在农产品流通领域渗透融合演化形成的农产品电子商务应用发展相对成熟，是衔接小农户和大市场的有效载体，但农产品上行仍面临各种挑战，消费者需求结构变化和农产品有效供给不足的矛盾依然显著。对此，我们比较关注的是：小农户如何与大市场实现有效衔接？——小农户分散经营要如何实现与农产品电子商务平台的有效利益联结？进而如何实现小农户生产与消费者需求的双向匹配？这背后能给予我们怎样的政策启示？

通过实际调查发现，对大多数消费者来说在网上购买农产品决策主要是，在什么平台渠道购买才能满足其消费需求和消费体验的平衡，而对小农户生产者来说则是是否采纳网络平台渠道销售农产品的决策。农产品电子商务的交易双方在行为决策阶段并不匹配，这是观察到的表象，但我们更关心背后的原因，农产品电子商务平台形成和运转的经济学逻辑是什么？是什么因素主导消费者的购买平台选择决策？又是什么因素决定小农户电子商务决策还处于是否采纳阶段？决策的主导因素又是什么？其背后的理论原因如何解释？这可能需要我们将农产品、农产品电子商务平台和该平台所连接的消费者和小农户生产者纳入同一个整体研究框架来思考。

下面更进一步分析，从回到农产品电子商务平台具体运营的整体角度来看，我们发现不同品类的农产品在"互联网＋农业"的农产品电子商务运营实践中融合程度和融合效果是有差别的，即便在同一电商平台具有相似运作方式的不同品类农产品其经营绩效也存在差异。由此可见，农产品所属品类特征和产品特性差别与农产品电子商务平台互联网技术渗透融合的程度和效果差异可能是探究农产品电子商务平台形成和运转的经济学逻辑，解释消费者和小农户决策差异和匹配的关键要素。因而，本书的重点定位在于：以产业融合理论为基础，基于平台经济的分析视角，研究不同品类不同特性农产品"互联网 + 农业"的农产品电子商务平台融合模式、融合程度和融合效果。

对于上述研究主题，可以分解为以下三个具体问题来进行探讨：

第一，为什么不同品类农产品在其流通经营环节中互联网技术的渗透融合方式存在显著差异？对于这个问题的分析，可以拆解为三个层次的问题。首先，不同品类农产品流通中"互联网 + 农业"技术渗透融合的模式有哪些？这其实是由农产品的产品特性决定的，不同品类农产品的产品特性不同，导致其在流通经营环节应用电子商务时就有难易先后之分即存在着品类差异，进而形成了不同农产品融合模式的区别即模式差异。其次，消费者是如何在这些不同的农产品融合模式中做出消费选择的？即是什么因素主导了消费者的选择决策？这可能由不同消费者的消费经验和消费需求差异所决定，也可能由消费体验的感知倾向影响消费者选择决定，这些综合形成了消费者偏好。最后，不同融合模式和不同消费者偏好两者是如何实现匹配对接的？或者说两者匹配对接的机制是什么？从小农户和大市场的角度出发，可以说需求决定了市场，也就是不同的融合模式最终都需要经过市场的检验才能生存，因而消费者的偏好选择可能决定了哪些模式平台能够存活在市场竞争中，也就决定了市场形态。这其实是从消费者角度出发的农产品电子商务的消费决策问题。

第二，为什么同一品类的不同农产品在流通经营环节中互联网技术的渗透融合程度存在显著差异？对于这个问题的分析，同样可以拆解为三个层次的问题。首先，同一品类的不同农产品在流通经营环节中互联网技术的渗透融合程度用什么衡量？农产品流通经营环节的互联网技术渗透融合主要表现为该农产品可以通过电子商务平台流通销售，融合程度的差异可以用该农产品在电子商务平台可销售（与已销售区别）情况来衡量，这与农产品通过电子商务平台销售流通的难易程度有关，这实际就是通过电子商务平台流通的交易费用问题，与农产品的产品特性关联。不同产品特性农产品网上流通的难易程度不同，电子商务交易费用也就不同。其次，作为农产品生产者的小农户是如何决定其农产品的销售渠道的？即小农户是如何决策是否采用网上平台销售农产品以及多大程度（比例）上采用电子商务销售的问题。实际上就是小农户决策的主导因素是什么？这与采用电子商务平台销售的交易费用高低以及小农户自身的决策行为理性有关。最后，交易费用和小农户行为理性谁是主导因素？这可以理解为完全理性和有限理性的区别，小农户的决策理性程度决定了是否采用电子商务销售，也就决定了其农产品互联网技术的渗透融合程度。这其实是从生产者角度出发的农产品电子商务的经营决策问题。

第三，是不是融合程度越高就意味着"互联网＋农业"融合效果越好？这个问题实际是系统探讨"互联网＋农业"渗透融合的作用机制问题，这就需要把农产品、农产品电子商务平台和平台双边的用户都纳入同一个分析框架中。这里需要抓住融合程度和融合效果这两个关键变量。首先需要明晰融合效果的评价标准是什么？再从产品特性比较分析出发，研究同一农产品的融合程度与融合效果是怎样产生作用关联的？进而分析不同品类农产品在不同平台模式的融合程度与融合效果间的作用关联如何？由此，通过产品特性和交易费用相结合的分析框架将平台和平台双边的生产者、消费者同时纳入同一个研究维度中。

1.2 研究目的与意义

1.2.1 研究目的

围绕前文提出的研究问题，本书的主要目的是试图分析小农户通过"互联网＋农业"实现与大市场有效衔接的作用机制，即小农户分散经营是如何实现与农产品电子商务平台的有效利益联结？进而是如何通过该平台实现小农户生产经营与消费者需求差异的双向匹配？本书将以产业融合理论、交易费用理论和平台经济理论为基础构建一个"产品特性—交易费用—平台机制"的一体化研究分析框架，从品类特征、产品特性分析切入，通过对农产品消费者、小农户和农产品电子商务平台这三个属于同一交易系统内不同交易主体的理论分析，并运用农产品消费者和小农户的问卷调查数据对理论分析进行实证检验，旨在解析小农户通过"互联网＋农业"的农产品电子商务平台实现与大市场有效衔接的作用机制，进一步厘清小农户对接市场的主要障碍因素。并在此基础上，从推动我国"互联网＋农业"融合发展的角度提出进一步完善小农户与大市场有效衔接机制的政策建议。

首先，对农产品消费者和小农户通过问卷调查获取第一手数据。在调查结果初步分析的基础上，总结出农产品消费者消费决策和小农户生产者经营决策的特点。对大多数消费者来说在网上购买农产品决策，主要是在什么平台渠道购买才能满足消费需求和消费体验的平衡，而对小农户生产者来说则是是否采纳网络平台渠道销售农产品的决策。结合有关理论文献和研究成果，归纳总结不同品类农产品应用"互联网＋农业"农产品电子商务平台的融合模式，为下文进一步研究打下基础。

其次，从理论层面对农产品电子商务平台两侧的消费者需求和小农户生产间有效双向匹配的实现机制做出分析。以产业融合理论、交易费用理论和平台经济理论为基础构建一个"产品特性—交易费用—平台机制"的一体化研究分析框架，从品类特征、产品特性分析切入，对农产品消费者、小农户和农产品电子商务平台这三个属于同一交易系统内的不同交易主体对象进行理论分析。旨在厘清消费者的消费决策要素、生产者经营决策机制，以整合平台双方用户综合分析农产品电子商务平台的作用机制是本书重要的研究目的。

最后，从实证角度出发，分别通过面向农产品消费者和小农户的调查问卷数据，实证检验平台双方用户的决策因素和平台的作用机制。从消费者决策角度来看，验证产品品类与融合模式匹配对消费者决策的影响；从小农户角度来看，验证产品特性与融合程度通过交易费用产生关联；从平台整体角度来看，验证融合程度会对融合效果产生直接和间接的效应。以解析小农户通过"互联网＋农业"的农产品电子商务平台实现与大市场有效衔接的作用机制，进一步厘清小农户对接市场的主要障碍因素。以此为基础，从推动我国"互联网＋农业"融合发展的角度提出进一步完善小农户与大市场有效衔接机制的政策建议。

1.2.2 研究意义

通过梳理现有文献和理论，总结近年来"互联网＋农业"的具体实践，特别是互联网技术在农产品流通经营领域的渗透融合农产品电子商务的发展经验，提出需要将农产品电子商务平台和平台双方用户纳入同一研究框架综合分析，并结合面向双方用户的问卷调查，从不同品类农产品的产品特性比较分析入手，深入分析"互联网＋农业"农产品电子商务融合发展的融合模式、融合程度和融合效果，并据此分析当前农户对接市场的主要障碍因素。本书的分析思路和研究内容具有重要的实践意义和理论价值。一方面，通过对农户家庭禀赋条件的适当拓展，在一定程度上补充完善了农户行为理论中的有限理性思想，将原来面临家庭生计问题而必须进行自给生产行为所呈现出的生存理性修正为追求家庭和人的全面发展，而向城镇和非农生产转移后留守家庭成员选择性自给生产行为所呈现出的发展理性；此外，通过对平台双侧区分注册用户和使用用户的差异，应用平台经济理论的网络外部性思想将以上两类群体的平台网络外部性分别对应划分为成员网络外部性和使用网络外部性，在一定程度上增强了平台经济理论网络外部性思想的解释能力。另一方面，本书的研究结论解析出农产品电子商务平台对接匹配平台两边农户生产和消费者需求的作用机制，为消除当前农户与市场衔接的主要障碍因素提供实践参考依据。

（1）理论意义。

近年来，有关的研究成果颇丰，但主要是从农产品电子商务交易的单个要素角度出发，就交易模式、交易对象或交易双方行为逻辑等分别开展从质性分析到实证研究等程度不一的理论探索。从交易系统的整体角度出发，将农产品电子商务平台和平台两侧的农产品消费者、小农户生产者都纳入同一个研究框架进行综合分析和理论提炼的并不多。或许是因为消费者行为理论、农户行为理论、交易费用理论等相关理论都已经从各自的研究角度和研究对象出发提供了一定程度的解释，但并没有从更全面的系统化研究角度整合研究对象。农产品电子商务呈现出明显的平台经济特征，平台经济是当下最具活力的新兴经济模式，平台经济理论是当前最受关注的微观产业组织理论前沿。平台经济理论以双边市场理论为基础，双边市场理论为本书将平台和平台双边用户纳入同一研究框架奠定了理论基础。本书通过对农产品电子商务平台双侧用户区分注册用户和使用用户来厘清用户"是否与平台产生联系"和"怎样与平台发生关联"的差异，应用平台经济理论的网络外部性思想将以上两类用户群体的平台网络外部性分别对应划分为成员网络外部性和使用网络外部性，以此来解释从平台双边用户召集到平台双边利益平衡的演进，初步实现了将平台和平台双边用户纳入同一研究框架综合分析，在一定程度上拓展了平台经济理论网络外部性思想的解释能力，这也是本书想要进一步提炼总结的理论经验。

农户行为理论综合分析学派有限理性思想的研究对象是我国20世纪80年代的小农户，在当时历史条件下的小农户的确在一定程度上面临着生计问题，当生产经营规模较小时，却有可能无法满足家庭基本生活需求，行为特征表现为如何活下去的生存理性，这是农户有限理性思想当时的理论背景。而这明显与当下社会经济条件不符，当前，我国绝大多数农村居民的温饱问题已经解决。此时的小农户可能更多面对满足基本温饱后如何进一步获取更高家庭收益的发展问题。于是为了能更准确反映当前农户行为所嵌入的现实社会背景，本书对农户家庭禀赋条件进行了适度拓展，随着其家庭主要劳动力流向相对收入较高的非农就业，其留守家人的小规模、细碎化农业生产行为主要表现为温饱无忧时的自主生产倾向。此时，农户行为特征受市场需求因素影响较小，主要满足自身需求，本书将这种经修正后的有限理性解释为发展理性。这是对原理论中生存理性的拓展深化，在一定程度上增强了有限理性思想的适应性和解释力。

（2）现实意义。

诚然，近十年的农产品电子商务高速发展，使得农产品"上行"效应显著提升，其网络销售规模迅猛增长。但我们仍然应该看到农产品电子商务的发展依然存在很多问题，其中，最引人关注的依然是农产品"上行"的挑战，消费者需求结构变化和农产品有效供给不足的矛盾并没有实质性改变。从现实来看，一方面，农业生产受地理区域、气候变化等自然因素影响较大，其生产特性决定了农产品的异质性，即便同一产区同一品种的农产品在物理规格、口感品质等方面也会存在细微差异，很难实现完全统一；而不同品类的农产品在出产地域、存储条件、包装要求等产品特性方面的差异更大，这就导致了农产品从本质上就比较难以标准化、商品化。另一方面，小农户因资源禀赋差异，农业生产技术和农产品经营意识不一，在生产经营环节应用互联网等信息技术的意愿、能力和条件不同，与现代化市场流通的规模化、标准化、品牌化要求存在不同程度的差距，产出的有效供给不足；且与农业产业链上其他相关主体的利益取向不一致，利益链接机制不完善，相互协同不充分，农产品上行的效率和效果依然面临挑战。

值得关注的是，近五年生鲜农产品电子商务的"井喷"式发展，成为了带动农产品电子商务本轮发展的引领力量，在原有大型电商平台渠道的基础上不断演化出更加贴近生鲜农产品品类特征和消费特点的垂直电商平台、O2O线上线下融合等全渠道多触点的新模式。而随着电商扶贫的发展，以移动互联网为中心的社交电商、直播带货、内容电商等新业态新模式则不断向农产品渗透扩散，为农产品上行搭建了新的通路，初步实现了分散生产经营与个性化消费的实际连接，互联网技术开始真正在生产小农户和消费大市场之间架起了直接沟通对接的"桥梁"。

可见，农产品电子商务是可以实现小农户对接大市场的有效平台。那么，对农产品电子商务平台作用机制的深入研究，特别是将农产品电子商务平台、农产品消费者、小农户生产者纳入同一个研究分析框架内，以解析出匹配对接平台两边用户的作用机理，从而有助于提炼出影响农户与市场通过农产品电子商务平台有效对接的主要障碍因素，为进一步促进农户生产与市场需求的有效衔接寻得对策建议。

1.3 研究内容与重点

本书研究的思路框架是"消费决策：品类特征匹配上线形式影响消费者购买模式选择——经营决策：产品特性关联交易费用影响农户线上销售判断——平台机制：融合程度匹配产品特性影响融合效果"。从研究的出发点和落脚点来看，主要包括三个方面的研究内容：第一，不同品类的农产品流通中"互联网＋农业"技术渗透融合的模式有哪些？消费者是如何在这些不同的农产品融合模式中做出消费选择的？不同融合模式和不同消费者偏好间如何匹配对接？第二，用什么衡量同品类的不同农产品在流通经营环节中互联网技术的渗透融合程度？小农户如何决策是否网上销售农产品？交易费用大小和农户行为理性间谁占主导？第三，融合效果的评价标准是什么？同一农产品的融合程度与融合效果是怎样产生作用关联的？不同品类农产品在不同平台模式的融合程度与融合效果间的作用关联又如何？

其中，基于产品特性比较分析"互联网＋农业"的农产品电子商务融合发展模式、融合程度和融合效果是本书的研究主体和重要内容，研究重点是农产品电子商务平台匹配对接双边用户需求的作用机理。

本书的具体内容结构安排如下：

本书分7章展开论述，在前人研究的基础上，对农产品流通领域的"互联网＋农业"农产品电子商务平台的融合模式、融合程度、融合效果和作用机制做了详细分析。

第1章，导论。主要对本书的研究背景、研究问题、研究目的、研究意义、研究方法和技术路线等进行介绍。

第 2 章，文献综述与相关概念界定。主要对国内外关于产业融合、农村一二三产业融合发展和农产品电子商务的相关文献进行梳理，总结现有研究的成果和不足，提炼出本书的聚集点。

第 3 章，理论框架：产品特性—交易费用—平台机制。从理论层面分析了匹配对接农产品电子商务平台两侧用户的作用机制。通过理论剖析构建本书的理论分析框架，为后文实证分析提供理论依据。

第 4 章，实证检验 I：基于消费者视角的农产品品类与"互联网＋农业"融合模式。对面向消费者的问卷调查数据进行描述性统计分析。接着从电子商务适配度较高的加工类农产品着手，论证了消费者更倾向于选择与该品类农产品商品化程度较高的特征相匹配的普通电子商务平台。然后再分别从商品化程度相对较低的日常消费类生鲜农产品和体验增值型生鲜农产品，论证了消费者分别更倾向选择专业生鲜平台和社交电商渠道购买。购买的渠道融合模式与农产品品类特征匹配，消费者实际是根据其农产品需求的品类特征来选择相对应的购买渠道。

第 5 章，实证检验 II：基于生产者视角的产品特性与"互联网＋"融合程度。首先对面向农户生产者的问卷调查数据进行描述性统计分析。接着从产品特性分析着手，将产品特性抽象划分为包装要求、存储条件和地域性，论证了三种特性情况下生产者采用互联网销售选择的对应关系。线上销售的难易程度即线上交易费用高低与农产品特性关联，生产者实际是根据其所生产农产品的产品特性对应的在线交易费用来决定是否采用互联网销售。

第 6 章，实证检验 III：融合程度对融合效果的影响。一方面，通过检验融合程度对融合效果的直接影响，论证了"互联网＋农业"的技术效应。另一方面，通过验证融合程度与产品特性的匹配程度对融合效果影响的正相关关系，论证了融合程度通过匹配产品特性间接影响融合效果的"互联网＋农业"的渠道效应。

第 7 章，研究结论与讨论。首先对全文进行总结，其次指出研究的不足之处，最后凝练未来的研究方向。

1.4 研究方法与技术路线

1.4.1 研究方法

（1）问卷调查法。

根据文献研究，设计归纳出"互联网＋农业"调查问卷的核心题项，并以此为基础，根据生产者和消费者的群体特征开发出分别面向生产者和消费者的调查问卷。按照被调查对象背景特点，分别对生产者开展实地访谈调查，对消费者开展网上问卷调查，确保调查质量并获取可靠的第一手研究数据。

（2）计量分析法。

本书在分析消费者购买决策和生产者经营决策时主要运用二元 Logistic 回归模型，分别对不同渠道模式下消费者是否选择购买相关品类农产品、不同产品特性条件下生产者是否采用互联网销售进行实证检验。在分析融合程度与融合效果的直接和间接效应时主要运用结构方程模型（SEM），通过构建融合程度直接影响"互联网＋农业"的技术效应、融合程度通过产品特性间接影响"互联网＋"的渠道效应的结构方程模型，验证了融合程度与产品特性的匹配程度影响融合效果的作用机制。

1.4.2 技术路线

本书为了厘清农产品电子商务平台匹配对接双边用户需求的作用机理。具体探讨了"为什么不同品类农产品在其流通经营环节中互联网技术的渗透融合方式存在显著差异""为什么同一品类的不同农产品在流通经营环节中互联网技术的渗透融合程度存在显著差异""是不是融合程度越高就意味着'互联网＋农业'融合效果越好"等问题。论证始终围绕着上述三个具体问题展开，试图通过对每个问题的研究解析，逐步明晰消费者的决策因素，生产者的决策机理和农产品电子商务平台匹配对接双方需求的作用机理。

本书的具体技术路线如图 1-1 所示。

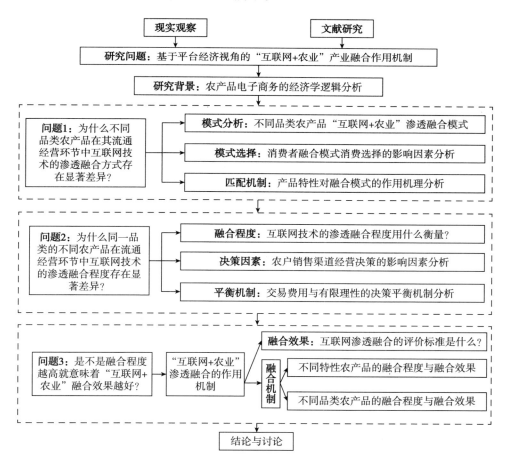

图 1-1 本书的具体技术路线

1.5 可能的创新之处

在研究问题选择和研究视角切入方面。本书与大部分探讨农产品电子商务的研究立足点不同。现有文献多从农产品电子商务的单个要素角度出发，就交易模式、交易对象或交易双方行为逻辑等分别开展从质性分析到实证检验等方面的研究。一方面，本书试图从产业融合理论的角度出发，分析农产品电子商务演化发展背后的经济学逻辑，提出其是互联网技术与传统商业流通领域渗透融合形成的电子商务业态的可交易商品品类，逐步扩散至农产品流通领域的演化过程。由此提炼出品类特征和产品特性是农产品电子商务研究的关键变量，其涉及农产品电子商务适配度的概念。另一方面，本书从系统化研究角度出发，将农产品电子商务视作一个交易系统整体，将农产品电子商务平台和平台两侧的农产品消费者、农户生产者都纳入同一个研究框架下，并从品类特征差别、产品特性比较的研究角度进行系统综合分析。

在理论框架构建及理论方法应用方面。本书综合运用产业融合理论、交易费用理论、平台经济理论，构建"产品特性—交易费用—平台机制"的一体化研究分析框架，从品类特征、产品特性的比较分析切入，对农产品消费者、农户和农产品电子商务平台这三个属于同一交易系统内的不同交易主体进行理论分析，并利用实地调研和网络调查数据进行实证分析以对前文理论框架进行一一检验。此外，本书在一定程度上拓展了平台经济理论网络外部性思想的解释能力。并通过对农户家庭禀赋条件的修正补充，在一定程度上增强了农户行为理论有限理性思想的适应性。

第2章 文献综述与相关概念界定

　　"互联网＋农业"的本质是以互联网技术为代表的信息技术在农产品生产流通领域的渗透扩散和融合应用。这个过程既涉及高新技术向传统产业的渗透扩散，也涉及相关产业融合发展的演化模式和机制，更涉及演进过程中的相关主体。本章将紧扣这条主线，从理论、实践和应用三个层次梳理相关研究成果。

2.1　理论基础：产业融合

　　追溯产业融合的起源，西方国家早在工业化时期产业融合现象就已经出现，而并非起源于信息时代（马健，2002）。由于产业融合理论当时并未被明确提出，因此，产业融合现象没有受到广泛关注。20世纪六七十年代，随着信息技术及其产业的高速发展，产业相互渗透融合现象在发达国家的信息产业领域涌现，并引发了政府及学术界的兴趣和研究，继而产生了产业融合理论。

2.1.1 产业融合的内涵

对产业融合的研究虽然由来已久，但直到目前国内外学者都未能达成共识，形成明确统一的概念。目前，对产业融合的解读主要围绕技术、产品、产业三个维度。技术融合的发展开启了学术界对产业融合的研究。Rosenberg（1963）引入了"技术融合"的概念，作为描述 19 世纪末美国机械设备产业向专业化演进的一种方式，这使得技术和知识成果在不同产业间获得共享。Gaines（1998）继承了 Rosenberg 对于技术融合的设想，他把融合定义为旧技术不断被新技术所取替的动态演进。岭言（2001）指出，产业融合是把技术渗透到产业中，使其互相融合形成新的增长点，实现 1 + 1 > 2 的功效，而非产业的简单加总。有学者以产品的维度来探讨产业融合，强调了不同产业因为使用了相同的技术使相互独立的产品间在功能结构上类似，以至于不容易分辨其产业归属。Yoffie（1997）认为，产业融合是原本相互独立、互不相关的产品在使用数字技术后获得整合的过程。Benjamin Weaver（2007）指出产业融合在概念和因果关系上与技术融合不同，尽管两者往往具有内在联系。产业融合被定义为两个或两个以上的产业（由替代产品的生产者组成）随着时间的推移而融合的过程，在这个过程中，许多替代产品的结果是不确定的。产品为基础的融合有替代融合和互补融合两种类型。从产业的角度来看，Sean T. Hsu 和 John E. Prescott1（2017）认为，产业融合是产业之间界限的逐渐缩小，使过往没有竞争关系的企业出现竞争，并加深对行业发展的影响，是产业演进发展的典型。管制放松和技术创新能消除行业壁垒，推动不同行业间企业的合作和竞争（植草益，2001；Malhotra，2001）。有不少学者认为，产业融合是在数字融合的基础上，去除市场准入屏障，逐步缩小甚至消除产业界限，使分离独立的市场相互交汇联合，最终实现产业升级（Greenstein Shane 等，1997；Choi 等，2001；周振华，2002；Lind，2004）。韩小明（2006）则提出产业融合是在产业界限确定的前提下，某一产业横跨另一产业发生经济活动，此类经济活动的两面性使得其很难被产业分类。从产业发展的角度来看，产业融合是同一产业内不同行业间或者不同产业间交叉渗透融合，从而产生新业态的演进过程（厉无畏等，2002；聂子龙等，2003；何立胜等，2004）。马健（2002）综合以上多个维度，指出在政府放松管制和科技创新的驱动下，通过不同产业和行业的整合，技术融合使市场需求与原有产品特征产生变化，同时改变企业竞争协作关系，促使产业边界缩小乃至消失。

另外，有学者从其他角度定义分析产业融合，诸如模块理论、系统自组织理论、创新理论等。朱瑞博（2003）指出产业融合是模块化进程，价值模块是载体，技术革新是内在驱动，经济管制是外在驱动。胡金星（2007）认为在开放性的产业体系里，产业要素在新鲜事物的刺激下互相协同竞争发展，这个逐步演化生成新产业的过程就是产业融合，这是一种新的产业创新形式，其处于传统的创新——扩散方式和分工创新方式之间，如图 2 - 1 所示。

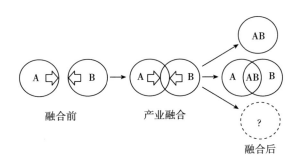

图 2 - 1 产业融合过程

2.1.2 产业融合的驱动机制

学术界早期普遍认为政府放松管制和技术创新是产业融合的直接驱动因

素，推动了产业融合的发展（植草益，2001），其中，技术融合是必要条件，科技进步是内因（Lei，2000）。欧洲委员会绿皮书（1997）与学术界早期观点一致，明确技术和放松管制是产业融合的动因。

有学者意见不同，认为仅依靠技术创新和放松限制未能直接产生融合，需加上管理创新三者相结合才能最终实现融合，并加速了产业融合的发展（Yoffie，1997；张磊，2001）。厉无畏（2002）认为受到技术革新及其融合的催化，在产业相互关联以及寻求利益最优化的内在驱动下，产业融合得以发展。朱瑞博（2003）指出产业融合的发展受到了政府放松管制、技术革新、合作竞争以及价值模块载体四个因素的推进。其中，模块的研究开发与合理使用至关重要。李晓丹（2003）认为产业融合发展主要由于高新技术突飞猛进、政府放松管制、市场需求提升、经济全球化等。聂子龙等（2003）提出可把产业融合的动因划分成内因和外因，人类不断升级的需求是产业融合发展的内因，而技术创新和通信完善则是其发展的外因，信息通信技术促使各种技术相互联结。内部因素即企业主体互动行为是产业融合产生的主要动力（胡金星，2007）。于刃刚等（2006）认为在技术革命、政府放松管制、不同产业间并购以及建立战略联盟的作用下导致了产业融合的产生。朱瑞霞（2008）指出产业融合的驱动因素包括技术革命、政府管制放松、市场需求和理念创新。郑明高（2010）指出产业融合是技术创新推动、企业间合作竞争、追求产出效率、市场需求驱动、政府政策支持等多种因素共同作用的结果。

综上所述，学术界对于产业融合的动因还没有形成统一的观点，但学者普遍认同科技创新和政府放松管制是产业融合的重要驱动因素。同时，从各自的方向研究视角，学者又提出了诸如管理创新、理念创新、市场需求、合作竞争、通信完善、价值模块化、不同产业间并购、建立战略联盟、经济全球化、寻求利益最优化等动因。我们可将上述驱动因素归纳为产业融合的内因和外因。内因包括管理创新、理念创新、价值模块化等；外因包括通信完善、科技创新、市场需求、经济全球化、政府放松管制、不同产业间并购、建立战略联盟等。现有文献对产业融合的动因研究过于简单，局限于描述性分析，缺少数理方面的实证检验，并未能探究其根源，存在一些模糊的认识，有待今后深入探讨。

2.1.3　产业融合的发展效应

产业融合推动了市场、技术、价值链的共享，实现了企业内部资源的合理配置，是产业结构优化和生产力提升的必要条件，是现代产业发展的大势所趋。融合的发生从宏观层面优化产业结构，使竞争力得以提升；从微观层面带动产业绩效。

产业融合有效节约成本，并提升产业绩效。化学产业以提升效率与节约成本为目的（Niedergasselr 等，2007），在产业融合的推动下，利用物理学等邻近学科以及农业等前端产业技术，加速其发展步伐。其中，营养品和药妆融合而使用植物固醇是典型案例（Broring，2005）。马健（2002）指出传统产业的革新、产业结构的优化以及产业竞争力的提升离不开产业融合，宏观层面使经济增长方式和产业结构发生改变，微观层面加速产业效率，最终实现企业成本的节约和产业绩效的提升。

产业融合优化产业结构，并带来企业间的竞争与合作。信息通信技术产业（ICT）是产业融合的典型例子，其特点是数字化、信息化所形成的规模经济以及网络质量效应关联（Baer，2004）。技术高速的更新换代以及技术方案的同质性，激发了竞争的发生，促使了技术方案和商业模式的快速更替，带来了企业的竞争与合作。Martin Peitz（2008）通过荷兰政府管制电信的案例，研究了产业融合是如何引起竞争的发生以及市场结构的改变。单元媛（2010）通过对高技术产业融合成长的研究指出，产业融合的迅速发展对产业组织、结构、技术、管理和资源配置有重大影响，是决定产业竞争力的重要因素。产业融合推动了有效竞争，重整了产业组织和市场结构，衍生了大量的新服务和新产品，促进了新产业的萌芽和成长，拓展了产业发展空间。宋杰（2011）以四川为例，研究了产业融合对产业结构的影响，指出产业融合和产业结构两者长期稳定均衡共存，产业融合促进产业结构升级。金晶（2016）认为由一系列创新活动引发的产业融合使技术和要素自由有效流动，促进了产业结构优化升级，论证了产业融合与产业结构优化的传导效应，认为两者具有同步发展趋势。

产业融合推动了革新，并促进了经济增长。Hacklin 等（2005）认为，重大革新源自于现有的、日积月累的技术融合的激发。David T. Lei（2000）探讨了技术融合对企业核心能力、知识、技能的发展以及产业结构演变所产生日益增长的影响。Pennings 等（2001）提出了产业融合的两面性，承认其对革新和经济增长的积极驱动，同时，指出了其带来市场失衡以及企业破产的不利影响。Hacklin F. 等（2013）在苹果公司成功营销产品的案例中，发现技术融合不但产生了新服务和新产品，还带来了商业模式的创新。宾厚等（2020）基于我国 2000～2017 年工业行业的数据分析产业融合、技术转移和产业协同创新绩效三者的影响机理，实证研究指出，产业融合对于技术转移中的技术引进以及技术购买表现出显著的正向影响，对外商直接投资表现显著的负向影响。

胡永佳（2007）从企业微观层面、产业组织中观层面、经济社会宏观层面三个维度分析产业融合的效应，指出产业融合微观层面能共享资源、节约成本；中观层面推动合作与竞争；宏观层面优化产业结构，促进经济增长。陈柳钦（2007）指出产业融合有多重效应，并将其归纳为"区域效应、消费能力效应、组织性结构效应、创新性优化效应、竞争性能力效应、竞争性结构效应"。还有学者指出产业融合能促进经济一体化（郑明高，2010），推动企业战略调整（Yoffie，1997）。

早期研究对产业融合的研究着重于理论范畴，近年来，国内外学者侧重于细分行业和领域对产业融合的发展效应作实证研究。赵新华（2013）研究指出，产业融合促进我国消费需求，拉动内需，但对投资需求产生负向影响，生产性服务业融合促进净出口，但高新技术产业融合和信息产业融合则对净出口产生负向作用。汪芳等（2015）研究了 1998～2011 年产业融合的发展趋势，实证分析指出信息业和制造业相融合是制造业绩效得以提升的格兰杰原因，产业融合对制造业成长的促进作用明显大于对制造业绩效的提升作用。Namil Ki-ma 等（2015）着眼于产业融合的趋势和模式，分析了整个美国行业中的现象。发现随着时间的推移，整个产业的融合正在增加。并且在给定的行业水平上，行业内部的增长率要大于行业之间的增长率。但将行业之间动态的行业融合模式聚在一起时，这些模式是混杂的，尽管某些行业组随着时间的推移而趋同，但其他行业组却是固定的。这些发现表明经济正在发生重大转型，但是这种现象尚未在整个行业中普遍流行，研究为预测产业融合的未来方向提供了方法。Hyeokseong Lee 等（2016）通过查阅 1987～2012 年的大量报纸，调查美国高科技行业的行业融合，找到了异构的扩散模式，这取决于收敛的行业及其广泛的扩散。此外，还发现潜在的产业融合程度与其增长率呈负相关，这表明高科技产业之间的产业融合需要大量时间才能实现高度融合。Kyunam Kim（2017）使用 2011～2015 年的专利数据来衡量韩国信息和通信技术行业的融合水平，分析了合作创新策略对韩国 ICT 融合的影响。对技术融合战略与绩效之间的相关性进行分析，表明 ICT 企业的许可活动在创造技术融合绩效方面发挥了积极作用。Weili Shen 等（2018）以淮安为例，运用路径分析的方法对一个目的地的产业融合过程进行了研究，研究结果对旅游规划者和政策制定者具有有益的理论和实践启示。Hwanho Choi（2018）利用韩国 SK Telecom 收购 CJ HelloVision 失败尝试的案例研究，指出经济、社会文化与产业结构问题是广播与媒体行业融合关联的三个特征，剖析了融合在公众、行业和社会方面的不良影响，为政府政策制定提供有益参考。研究表明，在广播和媒体行业融合的时代，应以公共利益为取向，而非利润增长或产业增长。Ohjin Kwon 等（2019）提出了一种系统的方法，使用涵盖所有技术领域的大规模专利分析来预测技术驱动的行业融合，为技术驱动的产业融合提供了一个整体性和前瞻性的视角。Pil Sun Heo 等（2019）以供给驱动的（技术）过程和需求驱动的（市场）过程来衡量行业融合，并分析了融合的骨干网络，将融合研究的广度拓展到网络的结构方面，以揭示行业间连接的结构特征。此外，还提出了有益的和差异化的未来政策，能有效指导整个行业融合以及各个行业的网络活动。Nathalie Sick 等（2019）试图开发一个基于新指标的框架，不仅将产业融合作为融合过程的最后一步，而且还将产业融合的类型进行分类，实际影响包括对处于趋同环境中的公司的定位，即何时以及如何消除由此产生的技术和市场竞争力差距，以便在高技术环境中识别和监控行业融合的趋势。Weiliang Chen 等（2019）构建了中国电子信息产业与金融业的融合评价模型，并运用耦合理论对这两个产业的整合度进行了测度。研究发现电子信息产业和金融产业之间存在很强的耦合关系，产业一体化程度对产业竞争力有一定的滞后影响。

通过梳理产业融合的相关文献发现，学术界对于产业融合的研究大多集中在二三产业的融合分析，而在农业方面的研究则不足，因此，加强农业与其他产业的融合研究和分析具有重大的现实意义。

2.2　产业实践：农村一二三产业融合的相关研究

2.2.1　国外农村一二三产业融合的经验总结

农村一二三产业融合的理论基础源自产业融合理论。而国外产业融合研究相对系统，并先后应用于日本、韩国、法国等发达国家的农业发展。

1996 年，日本今村奈良臣提出了"六次产业"的概念，开启了学术界对于农村一二三产业融合发展的研究。其理论基础思想是促使农业生产延伸到二三产业，通过产业渗透和融合构成生产、加工、销售、流通、服务一体化的产业链，产生"延长产业链"的加法效应以及"形成新业态"的乘法效应。日本政府充分将"六次产业"理论应用于农业领域，并推出《农工商促进法》和《食品、农业和农村基本计划》来推动日本一二三产业融合发展，对于实现农民增收有显著效果。

韩国加入 WTO 后，国内农产品市场放开，国内农业受到严重冲击，传统农业规模缩小，国内农产品价格下降，农民收入减小，农业就业岗位骤减。韩国在此困境下，突出农村与农民的主体地位实施改革，突破单纯农产品生产的局限，加强技术研究，重视产学研结合，在政府大力支持下，充分资源整合，开拓新产品和新市场，实现了农业就业岗位及农民收入的增加。

法国采用农业合作社的管理模式实现农村一二三产业融合。法国的农业合作社发达，专业化水平高，是农业和其他产业紧密联系的一体化组织形式，是法国农业服务的主体。合作社对内服务于农户会员，不以盈利为目的，并留有发展基金服务于民；对外采用企业管理模式，创新融资手段，建立大型农业合作企业，提升竞争力，增加收入，与农户会员共享收益。

澳大利亚利用家庭农场的比较优势大力发展生态农业，将休闲农业产业链横向融合延伸，将农业产业价值链纵向融合拓展。

荷兰通过农业比较优势发展集约型农业，注重农业知识创新系统开发，开拓创新农业产业，打造高效一体化产业链，形成互惠互利的农业合作模式。

我国农村一二三产业融合发展处于起步发展阶段，国内学者对此领域的研究起步比较晚。借鉴国外丰富的理论和实践经验，对于促进我国农村一二三产业融合，提升农业产能，增加农民收入，振兴农村经济，实现农业现代化具有深远的意义。

2.2.2　国内农村一二三产业融合的相关研究

（1）我国农村一二三产业融合发展的驱动因素及发展效应。

高新技术对传统农业的渗透扩散作用，引领驱动了农村一二三产业融合发展。现今传统农业的生产、加工、销售、流通、服务等环节，深受现代信息技术革命、生物技术革命以及交通运输物流革命的推动和改造，高新技术革命是农村一二三产业融合发展产生和演化的驱动因素。我国农村一二三产业融合离不开科学技术创新、市场需求升级、主体利益推动和政府政策支持四个方面。科学技术创新是驱动引擎，市场需求升级是外部诱因，主体利益推动是内生原动力，政府政策支持是有力保障（赵霞等，2017）。农村一二三产业融合发展在制度创新和技术创新的作用下实现了交易成本内部化，并在市场需求牵引和农业多功能推动下，共同驱动了农村三产融合的发展（李治等，2017）。城乡消费升级和科学技术进步是农村一二三产业融合、农业多元价值形成的驱动力（李洁，2018）。高新技术渗透、工商资本涌入、农业市场化发展及其多功能需求激增为农村一二三产业融合创造了条件（张义博，2015）。地理环境、风俗习惯、基础建设、非农产业集中度等因素对农村产业融合模式、路径和成效有决定性作用（郭晓杰，2014）。

农村一二三产业融合可使农民享受到融合的红利，也促使传统农业向现代化农业改造升级，并通过农业功能拓展培养出农村新的经济增长点，实现产业链价值提升（黄祖辉、马晓河，2015）。农村一二三产业融合发展的推进，提高了农民收入，实现了农村可持续发展，促进了农业现代化和城乡一体化（赵霞等，2017）。产业融合在农村农业中的应用能有效降低农业生产交易费用，提升农业竞争力，打造农业品牌，推动城乡一体化发展（李治等，2017）。乡村旅游业的发展促使劳动力有效流动，提升劳动生产效率，实现农村产业结构优化，突破传统农业单一发展模式（左冰等，2015）。"互联网＋

农业"的发展和农产品电子商务的兴起，使农产品信息沟通渠道更顺畅，有效拓宽销售渠道，减少中间环节，节省交易成本，提升农业综合竞争力和经济效益（成晨等，2016）。Tan（2019）研究指出，农村三产融合发展是实现农村产业效率提高、就业增加、农民增收的有效手段，对解决"空心村"和"三农"领域中的"993861部队"等现实问题有深远影响。此外，还减少了农产品流通环节，延伸了农业产业链，增加了农业产业的利润而非外溢，扩大了农业的多能化需求，拓宽了增收渠道。

（2）我国农村一二三产业的融合发展模式及存在问题。

我国农村地域辽阔，地区间资源禀赋具有差异性和多样性特点，因此，产业融合发展之路应立足地区优势，因地制宜，扬长避短，避免"千村一面"（陈学云等，2018）。从我国农村一二三产业融合的实践经验来划分主要呈现四种发展模式，包括农业内部产业融合、农业产业链延伸、多产业交叉融合和农业的高新技术渗透融入。

农业产业内部融合模式是指农业产业内的各子产业如养殖、种植、水产等产业间的有机融合，加强上下游的资源整合，能有效推动各子产业发展，实现环保、节能、增收多重功效。近年来，农业内部融合更注重农业生态化的发展，梁立华（2016）指出，农业生产需要与资源环境协调发展，某些资源过度利用浪费以及生态脆弱的区域应重整其农业发展方向，种养结合能有效实现资源循环利用，是养殖业和种植业融合的生态循环发展模式。谢仲桂（2018）指出种养结合发展应采用"共享稻田、品牌路径、立体种养、生态渔业"等方式，同时植入创意元素，使经济和生态协调发展。曹健等（2018）认为，应根据农业的生产规模、技术优势和废弃物情况，利用市场调节和政策驱动，选择合适区域因地制宜发展生态循环农业模式。陈阿江等（2018）指出应发挥市场调节作用，把分离的种养主体相结合，通过法制建设，加强农业和畜牧业对接，强化绿色农业发展，推动养殖污粪资源再利用。

农业产业链延伸模式是指围绕农业生产的中心，向农业上下游产业链延伸融合发展，向上延至农业生产供给侧，向下延至加工、销售、流通、服务等环节，形成产业链的"一条龙"服务，既节约成本又提高经济效益（赵霞等，2017）。张秀隆（2017）提出了立足资源优势加大发展产地加工的发展战略。要求加工与产地、园区、扶贫相结合，注重品牌营销，深挖地区优势，利用创新科技和互联网，以"线上＋实体店"模式连锁经营，升级物流配送服务，完善城乡对接。

多产业交叉融合是指在农业的基础上加入文化、旅游等元素，拓宽农业功能，形成产业新形态。彭建强（2017）指出应采用"旅游＋""生态＋"的模式，在农村原生态和区域特色的基础上，发展乡村旅游产业，如特色村寨游、现代农业园游、农家乐等，集休闲度假、体验农作、品味农家美食于一体，实现农林业与旅游、文化、康乐、养老等产业的深度融合。乌兰（2018）提出应强化政府导向及服务功能，培育多元化新型主体，重视品牌经营，统一布局规划农村旅游产业。

农业的高新技术渗透融入是指先进技术如生物、信息、互联网等对农业的渗透融入，衍生出生物农业、信息农业、"互联网＋农业"等新业态。近年来，互联网技术对农业发展的渗透尤为显著，农村电商得到了长足发展。陈学云（2018）认为应重视"互联网＋农业"以及农村电商的发展，开拓农村资源供应和物流渠道。赵广华（2018）指出农村电商物流配送有四种模式，分别是"综合资源共享""O2O平台＋信息共享""4PL＋X""契约性大众分包"以及"村镇电商集配站＋智能自提柜"，强化农村物流信息平台和基础设施建设，重点搭建村镇物流集配站。崔凯等（2018）提出构建多元化、差异性电商人才引进、培养机制，重视品牌化路线。在众多发展模式中，农业的高新技术渗透融入使我国农村一二三产业融合发展产生了质的飞跃，而"互联网＋农业"的成效更为显著。伴随互联网技术对农业的渗透越来越深，农村电商特别是农产品电商得到了大力的发展和普及，加强此领域的研究有助于优化农村一二三产业融合模式，提高农业生产效率，提升农产品附加值，优化销售渠道，节省中间成本，提高农民收入。

虽然我国农村一二三产业融合发展的实践初见成效，但受到政策、资金、人才、基础设施等因素的制约，其发展依然乏力。朱信凯等（2017）通过实证分析，指出农民增收分配机制不健全，自身缺乏核心竞争力，销售渠道受限，金融支持不足，农村基础设施和公共服务滞后等是目前农村产业融合的主要问题。李治等（2017）指出目前很多地区对农村三产融合认识不足，停留在农业产业化层面，以致相关政策措施忽视了二三产业部门的引进，仅局限于农业内部，跨产业融合现象罕见；另外，对先进生产要素吸引力不足，农业产业链横向融合缺乏，纵向融合有限，农业多功能性开发乏力；同时主体之间利益联结机制不健全。汪思冰（2017）以苏州为例指出了农村产业融合缺乏相应的金融政策支持，融资信贷供应不足。赵放等（2018）指出我国农工融合科技创新不足，产品缺乏竞争力；农商融合资源供给乏力，基础设施薄弱；农旅融合产业延伸不足，价值功能未深挖。综上所述，今后应针对我国农村一二三产业融合的有关制约因素进一步加强实证分析，探索出符合地区差异的个性化发展模式，进一步细化融合发展思路。

2.3　行业应用：农产品电子商务的相关研究

农产品电子商务是推进农村一二三产业融合发展、农业优化升级、农民增产增收的重要一环。随着技术的创新和互联网的发展，电子商务渗透到农产品的生产、加工、销售和流通等各个环节。2015 年以来，我国政府及相关职能部门加大农产品电子商务的政策支持。同时，地方政府纷纷出台推进区域农产品电子商务发展的政策和措施，大力鼓励和推动农产品电子商务的发展和普及。

（1）我国农产品电子商务发展存在的问题及影响因素。

虽然近年来在政府的鼓励下，我国农产品电子商务得到了大力发展，但由于受到政策、法律、技术、人才、基础设施等因素的制约，我国农产品电子商务发展的步伐缓慢。诸如发展的地区差异大，呈现东部发达、中部缓慢、西部落后的不均衡现象（李帅等，2020）；农村信息通信基础设施建设不足，导致接入成本增加，用户使用率低，是制约农产品电子商务发展的主因（Botos S. 等，2013）；农产品信息滞后，传播渠道单一狭窄（Jiang H. 等，2007），信息服务能力不足，是我国农产品电商发展的短板（王小兵等，2018）；冷链物流发展落后，农产品物流成本高，各环节损失率远高于西方发达国家，严重制约生鲜农产品电子商务发展（刘建鑫等，2016；马晨等，2019）。我国缺乏农产品标准化体系（胡天石，2005；王沛栋，2016；张弛等，2017；颜强等，2018），农产品具有保质期短、保鲜要求高的特性，标准化是 IT 技术和电子商务应用于农产品的前提条件（Shu G. 等，2007）。农村专业人才匮乏，农村人口教育水平偏低，电商意识薄弱认识不足（王晓红，2016；张新洁，2018），不具备基本的电脑知识和互联网使用技能，严重阻碍农产品电子商务的应用（Yangeng W. 等，2012）；我国农产品电子商务平台资源短缺，第三方服务平台层次低，买卖双方信息不对称（张胜军等，2011；刘静娴等，2016），相关立法缺位，导致农产品食品安全缺少法律保障（成晨等，2016），交易面临道德风险（胡俊波，2011）。侯振兴等（2018）指出电子商务就绪度评价是研究电子商务发展进程的存在问题以及预测未来发展的重要指标。基础设施与技术条件、农户对农产品电商的采纳度、消费者对农产品电商的意愿共同影响农产品电商的发展。有学者研究指出，在不考虑位置和距离等因素时，年龄和收入是农产品电商发展的关键统计因素。年轻群体使用电商销售的意愿更高，高收入群体更愿意网络购物，有网络购物经验的群体更容易接受农产品电商（Cao J. 等，2012）。

（2）我国农产品电子商务发展的模式。

农产品的多样化和地区经济发展差异，决定了不同地区不同农产品采用的电商模式具有多样化和个性化的特点。农产品特性、专业人才、技术设施、物流水平等因素制约了农产品电商发展模式的选择。我国学者根据我国国情探索了一系列农产品电商的发展模式，包括目录模式、信息中介模式、交易服务模式、第三方交易市场模式、虚拟社区模式、社会化营销模式等（白雪，2011）。杨宏祥等（2011）以陕西省为分析对象，探索了以网络中介主导的水平 B2B 模式、以龙头企业主导的垂直 B2B 模式以及特色农产品 B2C 模式。王桂平（2011）指出了农产品电商物流方面的问题，建立了符合农产品电商供应链运行的创新模式。牟静（2011）从交易主体、对象、活动三个维度归纳出 P2B2C、P2G2B 和垂直型 B2B 三种发展模式，并提出应以 B2B 模式作为我国农产品电商发展的主要模式。王国庆等（2014）从交易主体角度分析了我国农产品电商发展模式的现状，重点论述了 P2B2B、B2B2C、微博模式以及基于三方电商平台 4 种创新模式。洪涛等（2014）探讨了农产品电商框架体系、网络期货交易等多种农产品电商交易模式以及"电子菜箱"等 18 种农产品网络销售模式，分析了"自营配送"等 6 种物流方式和多种创新支付模式。张飞等（2014）研究指出我国农产品电商目前有交易服务、信息中介、社会化媒体、价值链整合 4 种运营模式，认为发展模式的选择需考虑稳定性、盈利性和前瞻性，并根据政策、技术、产品和服务等因素的变化进行经常性优化。于红岩等（2015）实证分析了关于服务、平台构建和互动协作三个维度的电商 O2O 模式。林芳等（2015）通过对农产品电商资金流、信息流、物流的分析，提出了一种依托云计算线上线下互动的农产品电商运营模式。王倩（2015）

研究了淘宝村农产品电商的运营模式和演化路径。冯亚伟（2016）提出了政府主导，供销合作社为主体，农民合作社为参与者的新型电商模式。

2.4　文献评述

2.4.1　关于产业融合的研究评述

从前文对相关文献的回顾我们不难看出，学术界围绕不同的视角对产业融合进行研究探讨，涉及产业融合的内涵、动因及融合效应等方面，并取得了较为丰富的研究成果。产业融合的早期研究主要集中在信息通信领域，后来逐步扩大了研究范围，研究内容也日渐系统化、理论化，但是学术界对于产业融合的研究依然存在很大的局限性，例如国内外学者目前对产业融合的解读主要围绕技术、产品、产业三个维度，还有学者从创新、系统自组织理论、模块理论等角度定义产业融合，但始终未能达成共识，形成明确统一的概念。

对于产业融合的发展效益，国内外学者达成了共识，认为产业融合能促进创新和技术进步，降低生产成本，拉动内需，形成有效竞争，有利于产业结构优化调整，最终推动经济增长。早期对产业融合的研究着重于理论范畴，多为定性分析，并且局限于信息通信领域。近年来，国内外学者侧重于细分行业和领域对产业融合的发展效应作实证研究，并将研究领域推广到生产性服务业、高科技产业、金融业、广播和媒体行业等领域，但国内外产业融合的研究大多集中在二三产业的融合分析上，农业方面的研究则相对不足，因此，加强其他产业和农业融合的研究和分析具有重大的现实意义。

综上所述，现阶段产业融合的研究尚存在以下不足：①虽然进行了一些系统化的理论探讨尝试，但依然尚未形成公认的产业融合一般理论分析框架，仅局限于就现象谈现象，未能提炼出现象背后的本质规律，对产业融合的实质分析不够透彻，也没能给出产业融合的作用机制或者产业分合的一般通解。②虽然实证分析已经取得一定进展，模型构建和数理计量等方面的应用研究不断涌现，但这些研究都存在一定的局限性。国外研究成果较多，但大多聚焦于信息技术、生物技术等高新技术产业，传统产业鲜有涉及，这是国外研究多选取与专利数据为主的模型方法及国外传统产业和高新技术产业的发展阶段有关的；国外研究成果多采用反映供给性关联的研究企业多样化的方法框架，且关注静态产业融合而忽视动态变化，数据来源多为公司方面的微观层面，缺乏宏观层面分析成果；国内研究则因专利数据等相关数据库建设的滞后，且因主要依赖相关部门统计数据等二手数据而缺乏深入实地调查获得的一手数据的支撑，实证研究受到较大限制，难以进行具体深入分析。③研究对象的选取范围较窄，多聚集于信息技术产业，农业等传统产业领域并没有成为产业融合理论研究的重点，缺少对传统产业和其他产业特别是高新技术产业融合发展的系统化研究成果。互联网业和农业产业融合发展的系统化研究正是对以上研究不足方面的有力补充和改进。

2.4.2　农村一二三产业融合发展的研究评述

国外产业融合研究理论相对系统，但早期研究局限于信息通信领域，农业及其相关领域涉足较少，后来产业融合理论逐渐应用于日本、韩国、美国等发达国家的农业生产实践中。1996 年日本今村奈良臣提出了"六次产业"的概念，拉开了国内外学者对农村一二三产业融合发展研究的序幕。日本在农村人口老龄化和农业过疏化的背景下，推动"六次产业"的执行，政府加大政策支持，农工商充分合作发展，以工带农，以商促农，整合一体化完整产业链。韩国在"入世"的冲击下，国内农业规模缩小，农民失业减收。为此韩国在

"六次产业"理念下，提供强大政策支持，加强技术研究，重视产学研结合，开拓新产品和新市场，使农业附加值内化。法国则通过采用农业合作社的管理模式成功实现了农村一二三产业融合。国外这些有益的实践经验与理论研究对我国农村一二三产业融合发展有深刻的启示，一是应加大产业融合的政府支持力度，完善发展规划，设立农村一二三产业融合发展基金，提供法律法规、财政税收等政策支持；二是重视融合的技术创新和产学研结合，确定融合技术研发战略重点，分步研发并推广应用；三是参考法国农业合作社模式，坚持合作社"为社员服务，为社员谋利"的发展原则，完善合作社一体化服务职能，探索"农民＋合作社＋企业"的创新发展模式；四是因地制宜地挖掘开发地域资源，开拓新产品和新市场。

我国农村一二三产业融合发展起步较晚，目前还处于初级发展阶段。从2004年开始，国内对于产业融合的学术研究开始向农业及其相关产业方向倾斜，逐步加大了对我国农村一二三产业融合发展的研究。国内学者认为，推动我国农村产业融合的驱动因素，主要包括技术创新、市场需求、主体利益、政府政策、制度创新、农业多功能性等。推进我国农村一二三产业融合发展具有重大的现实意义。通过农村产业融合，能延伸农业产业链，优化农村产业结构，提升生产效率、减少流通环节，节省交易成本，打造农业知名品牌，提升农业经济效益和综合竞争力，实现农业现代化升级、城乡一体化发展、农民增收等多重效应。经过近年来的实践，我国探索出了具有中国特色的一二三产业融合之路，发展模式主要包括农业内部产业融合、农业产业链延伸、多产业交叉融合和农业的高新技术渗透融入4种。其中，农业的高新技术渗透融入推动我国农村一二三产业融合加速发展，"互联网＋农业"的成效更为显著。伴随着互联网技术对农业生产经营领域的渗透融合越来越深，农村电商特别是农产品电商得到了大力的发展和普及。虽然我国农村一二三产业融合发展初见成效，但由于受到政策、资金、人才、基础设施等因素的制约，其后继发展依然乏力，今后应进一步加强制约因素的实证研究，探索出符合地区差异的个性化发展模式，细化融合发展思路。

通过相关文献整理，发现我国农村产业融合研究在内涵、发展模式、存在问题及应对措施等方面已形成一定的理论基础，但研究还处于表层阶段，局限于归纳总结、引进经验、延伸解读，研究主题较为零散，多为定性分析，未能形成系统完整的研究框架，欠缺农村产业融合的实证研究，特别是融合发展水平、融合效应以及驱动因素等领域的定量测定分析。在目前实证研究中，往往难以获得官方部门和研究机构的统计数据，数据采集和指标体系构建是研究的难点。未来应构建科学合理的评价指标体系和宏观数据体系，解决实证研究中数据采集难、缺乏统一评价指标的问题，同时建立农村产业融合相关指标的测定模型，加强实证研究分析，进一步推动我国农村产业融合深度发展。

2.4.3　农产品电子商务的研究评述

农产品电商随着国内电子商务的发展逐步进入大众的视野。"三农"问题关系国计民生，一直作为我国政府工作的重中之重。农产品电商的发展能有效减少中间环节，节约交易成本，开拓销售渠道，增加农民收入，促进农村经济发展，近年来受到了政府的大力支持和推广，并且成为电子商务领域研究的热点。目前，国内农产品电商研究主要集中在农产品电商的发展现状、存在问题、影响因素和发展模式等方面。

虽然国内农产品电商发展取得了阶段性成果，但由于其起步较晚，在政策、法律、技术、人才、基础设施等多重因素的制约下，其发展出现诸多障碍，如地区发展失衡，基础设施不足，物流发展落后，缺乏标准化体系，电商平台资源短缺，相关立法缺位，电商人才缺乏等。影响农产品电商发展的因素众多，国内学者主要从基础设施与技术条件、农户对农产品电商的采纳度、消费者对农产品电商的意愿这几方面研究农产品电商发展的影响因素。另外，农产品电商发展模式的选择至关重要，是决定其是否成功的关键。国内学者大多采用地区案例分析，围绕地域特点以及农户、农产品企业等主体，从供需双方属性、运营模式等角度对农产品电商发展模式进行探索，为未来的研究提供有益参考。

通过相关文献整理，发现目前国内农产品电商研究存在以下不足：①国内对农产品电商的研究已取得一定成果，但理论研究的深度不足，研究领域主要集中于农产品电商的发展现状、存在问题、影响因素、发展模式等方面，并且较多关注农产品电商的发展现状和对策分析，其他领域研究不足，研究维度与研究方法存在局限性，研究方法过于单一，现有研究多为定性分析及个案研究，实证研究的定量分析较少。②现有研究较多关注我国中东部经济发达地区，西部经济欠发达地区的相关研究甚少。农产品电商作为区域经济增长点，能有效克服西部欠发达地区经济与自然环境的劣势，摆脱基础设施落后的制约，充分发挥当地独有的地域资源和农产品资源优势，为区域经济发展注入活力。因此，未来应重视西部欠发达地区农产品电商的研究，以农产品电商推动西部经济发展。③在研究对象方面，大部分研究只关注农产品这个大概念，而忽视将农产品细分不同类别进行研究。农产品种类繁多，不同种类的农产品其特性、消费者认知、接受意愿各不相同。通过对农产品分类研究，可推进农产品电商深入发展。同时在农产品电商的营销模式和研究方法中，应突出不同种类农产品营销的差异性。④目前对于农户电商采纳度的影响因素研究，仅停留于定性分析和案例研究，主要从互联网普及等视角进行探讨，缺乏实证研究。仅存的一些实证分析也局限于农产品电商网站的使用偏好、有机农产品消费意愿等范畴，欠缺农产品消费者在线购买、持续购买以及满意与否等行为意愿的定量分析，未来可加大此领域的实证研究。

2.5 本书的研究方向

在整理汇总国内外学者关于产业融合、农村一二三产业融合以及农产品电子商务的相关文献资料并仔细梳理后，我们发现农村一二三产业融合发展是促进农业产业化升级、农村发展方式转变、农民收入渠道拓宽的现实选择。而高新技术产业的应用发展与农业等传统产业改造升级是紧密相连的，两者间的互动演化呈现出两个产业间技术渗透融合的特征。互联网技术对农业生产经营渗透融合再造的"互联网+农业"成为推进农村一二三产业融合发展的切入点，引领驱动传统农业转型升级。而互联网技术在农业生产经营产业链条上的融合主要朝两个方向发展，上游的农产品生产环节和下游的农产品流通环节面向的分别是农业生产者、农产品生产活动和农产品消费者、农产品流通消费环节，生产环节呈现出产业互联网特征，流通环节呈现出消费互联网特征。相对来说，由于电子商务在我国成熟发展所积累的消费习惯和群体基础，互联网技术在农产品流通领域渗透融合演化形成的农产品电子商务应用发展相对成熟，是衔接小农户和大市场的有效载体。但在农产品电子商务平台及其交易主体（农产品生产者和消费者）、交易客体（农产品）等方面均存在不同程度的问题和挑战，消费者需求结构变化和农产品有效供给不足的矛盾依然显著。这就需要从整个交易系统整合角度出发将三者纳入同一个研究框架内进行探讨分析。这也引起了我们的关注，也是本书的研究出发点和落脚点。

前文梳理有关农产品电子商务的文献发现，近年来，虽然有关的研究成果颇丰，但主要从农产品电子商务交易的单个要素角度出发，就交易模式、交易对象或交易双方行为逻辑等分别开展从质性分析到实证研究等程度不一的理论探索。从交易系统的整体角度出发，将农产品电子商务平台和平台两侧的农产品消费者、小农户生产者都纳入同一个研究框架进行综合分析和理论提炼的并不多。或许是因为消费者行为理论、农户行为理论、交易费用理论等相关理论都已经从各自的研究视角和研究对象出发提供一定程度的解释，但未能从更全面的系统化研究角度整合研究对象，与前面的研究出发点契合。

综上所述，根据相关文献系统梳理，本书的研究线索聚焦可以归纳提炼为："产业融合—农村一二三产业融合—农产品电子商务平台—农产品电子商务平台交易要素（交易平台、交易主体、交易客体等）—农产品电子商务平台交易机制（平台经济、双边用户、网络外部性）"。本书的研究重点思路为：以产业融合理论为基础，基于平台经济的分析视角，研究不同品类不同特性"互联网+农业"的农产品电子商务平台融合模式、融合程度、融合效果和整体作用机制，如图2-2所示。

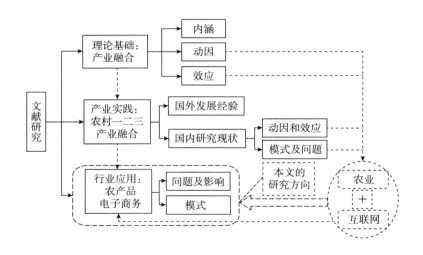

图 2-2　本文的研究方向

2.6　概念界定

本书以"小农户是如何通过农产品电子商务平台实现与大市场有效衔接的？其背后的作用机制是怎样的？"为研究主题，重点探讨："互联网＋农业"的农产品电子商务融合发展模式、融合程度和融合效果。研究的重点是农产品电子商务平台匹配对接双边用户需求的作用机理。在开展理论与实证分析前，有必要对本书所涉及的相关概念进行界定明晰，有助于进一步明确本书的研究范围，同时也可避免因文字表达不准确或字面化解读而产生的理解偏差。本书需要厘清界定的概念包括："互联网＋"、产业融合、融合模式、融合程度、融合效果。

2.6.1　"互联网＋"及"互联网＋农业"

"互联网＋"是把互联网的创新成果与经济社会各领域深度融合，推动技术进步、效率提升和组织变革，提升实体经济创新力和生产力，形成更广泛的以互联网为基础设施和创新要素的经济社会发展新形态（《国务院关于积极推进"互联网＋"行动的指导意见》，2015）。具体来说是指以互联网为主的一整套信息技术（包括移动互联网、云计算、大数据、物联网等配套技术）在经济、社会生活各部门的扩散、渗透和应用，并不断释放出数据流动性的过程。"互联网＋"对应的英文翻译为"Internet Plus"，即不是加号，而是"化"（Plus）。"互联网＋"的各个产业部门不是简单的连接，而是通过连接，产生反馈、互动，最终出现大量化学反应式的创新和融合。"互联网＋"的"＋"不仅是技术上的"＋"，也是思维、理念、模式上的"＋"，即思维、理念、模式的互联网化。

具体而言，本书是从相对狭义的角度来深入探讨"互联网＋"，即着重从互联网技术对传统产业的改造升级，互联网技术"＋"的主要是传统产业。故而"互联网＋"在本书被试图理解为以互联网化的思维、理念和模式，运用先进的信息通信技术，以"互联网＋传统产业"的模式对传统产业进行数字化、信息化重构的协同创新活动。"互联网＋农业"则是互联网技术在农业生产流通领域的渗透扩散、应用融合，以此引领驱动传统农业产业的改造升级。

2.6.2　产业融合

产业融合现象最简单的定义就是两个或多个目前分立的产业相互融合的过程（Greenstein 和 Khanna，1997；Pennings 和 Puranam，2001；Stieglitz，2003）。随着产业融合理论的不断演进，人们对它的理解也不断深化，其中，技术创新和变革始终是产业融合发展的内生动力。产业融合理论也正是在传统生产要素的比较优势理论不足以解析丰富多元的贸易形态和产业形态的大背景下而产生的。其核心的理论依据就是新生产要素不断地弥补传统资源的不足，或是相当程度地减轻对传统生产要素的依赖，由此导致新理论的突破与发展。

根据本书的研究重点，本书将侧重从技术融合，特别是高新技术向传统产业渗透融合的角度去理解产业融合：科学技术的不断发展并被不断应用于社会经济的各个产业部门；这样的技术创新在不同产业间的应用产生扩散溢出效应；技术创新的扩散溢出促进不同产业间的技术相互组合产生复合效应进而引致技术融合；技术融合促使不同产业间的技术性壁垒逐渐消融；产业间形成了一定程度范围的共同技术基础；这使得产业间的技术边界日趋模糊进而发生了产业融合。

特别需要强调的是，高新技术产业发展与传统产业改造升级是紧密相连的，这个过程并不是简单的替代淘汰，也不是单纯的竞争压制，而是两者协同发展，融合共生的过程；只有高新技术与传统产业结合起来，技术创新才能满足社会发展复杂多样的技术需求；同样，传统产业只有不断实现对高新技术的适应性采纳应用，才能推动自身的成长和结构性技术变迁，为后续的创新发展提供空间。这是本书的理论基石，同时也是本书的出发点和落脚点。

2.6.3　产业融合的融合模式、融合程度和融合效果

产业融合的融合模式、融合程度和融合效果是本书的重要内容，在理论和实证分析前有必要对其从研究对象的角度加以理解阐释。

本书研究的落脚点是互联网技术向农产品流通经验领域渗透融合的"互联网 + 农业"农产品电子商务平台，为了研究表述统一简洁，本书中的融合模式主要是指狭义概念范围内的农产品电子商务平台发展演化所形成的各类平台模式。梳理现有的研究成果，农产品电子商务模式按照农产品网络销售模式来区分可谓"百花齐放"，洪涛（2016）根据商品网络零售模式划分并结合农产品流通特色，一共梳理了 19 种农产品网络零售模式。为了便于研究分析，本书将农产品网络零售模式按照交易流程或实质属性相似的原则，在剔除个别与本书无明显关联且不具有显著代表性的模式后，将农产品电子商务融合模式按平台类型大致划分为：普通电子商务平台、专业生鲜农产品电子商务平台和社交电子商务渠道三种类型。其中，每种类型下可能包含多种相似或相近的农产品网上零售模式。

同样，本书研究内容侧重指农产品电子商务的融合程度和融合效果。为了保持研究分析层次的一致性，融合模式、融合程度和融合效果应该处于同一概念层次，也就是说融合程度、融合效果应该与融合模式处在同一分析维度下。从而融合程度可以理解为农产品电子商务平台的融合程度，可进一步解析为农产品电子商务平台的用户数量规模。由于并未采用科学精确的数量模型测算，

此时的融合程度只是一个无数值意义，仅有相对比较意义的概念，即无法表征融合程度具体为多少数量单位的概念，却可以相对比较大小的抽象概念。比如，某平台的注册用户越多，可以理解为该平台与传统农产品流通领域的融合程度相对越高；而该平台注册的用户越少，则融合程度也相对越低。融合效果则是指实际通过平台发生农产品交易行为的用户规模，这个效果的含义在此被理解为通过平台发生实际农产品交易，为平台发挥了实际交易渠道或交易载体的作用，即实际形成了促进农产品交易发生的效果。类似地，融合效果在此也是一个相对的比较意义上的抽象概念。

第3章　理论框架：产品特性—
交易费用—平台机制

本章首先从理论层面阐释互联网技术对农业生产经营环节的渗透融合形成了农产品电子商务，进而从产品特性比较分析角度来构建模式选择、交易成本和作用机制的全文理论分析框架，为实证研究建立理论依据。

3.1　产业融合：农产品电子商务的经济学逻辑

3.1.1　理论基础：产业融合

产业融合（Industry Convergence）是现代产业演进发展的重要趋势。在过去的数十年间，诸如技术变革，管制放松，创新协同和全球化等因素已经从根本上改变了越来越多产业的结构。不断演化的产业竞争格局的一个重要表征就是产业间的界限变得逐渐模糊而需要重新界定（Bettis 和 Hitt，1995；Sampler，1998），"融合"一词最早被用于阐述 20 世纪 80 年代数字信息技术蓬勃发展前的产业是如何关联合并的，这可以追溯到 Rosenberg（1963）引入"技术融合"作为描述 19 世纪末美国机械设备产业向专业化演进的一种方式。随着当时工业技术应用水平的不断提升，产生了标准化的生产流程，即不同产业的各类产品（如枪械、缝纫机、自行车等）实际上应用的是一套相同的机械和底层技术。从技术基础的角度来看，这使得性质和功能原本差别分立的产业变得密切相关（技术上趋同）。随着数字信息技术的发展，技术融合这一概念又被赋予了更深刻的含义。1978 年，Nicholas Negrouponte 关于数字信息技术导致传统产业间交叉渗透的开创性思想真正开启了对产业融合的讨论和关注①。此后，产业融合多被用来解释电信通信、IT、媒体和娱乐业融合成为巨型资讯通信产业（Lind，2004）的"三网"融合等高新技术产业的演进现象。关于产业融合的内涵也逐步从模糊笼统到与具体技术和行业相关（Greenstein 和 Khanna，1997；Pennings 和 Puranam，2001；Stieglitz，2003）。随着研究的不断深入，对产业融合理论的探究逐渐丰富和完善，主要围绕着产业融合的动因（Poter，1985；Yoffie，1997；Lei，2000；Stewart D. W. 和 Zhao Q.，2000；植草益，2001；Hacklin 等，2005；Hacklin，2008）、类型（Greenstein 和 Khanna，1997；Jorgensen 和 Stiroh，2000；Pennings 和 Puranam，2001；Malhotra，2001；Stieglitz，2003；Hacklin 等，2005）和效应（Alfonso 和 Salvatore，1998；Pennings 和 Puranam，2001；Hacklin 等，2005）等展开。

回顾产业融合理论的演进脉络，不难发现技术创新和变革是始终贯穿推进理论发展的主线：科学技术的不断发展，涌现出大量科学发现和技术发明；这些发现和发明被不断应用于社会经济的各个产业部门；这样的技术创新在不同产业间的应用产生扩散溢出效应；技术创新的扩散溢出促进不同产业间的技术

———————————

① 他用三个相互重叠在一起的圆来表示计算机技术产业、印刷业和广播业的技术边界，并指出三个圆的交叠重合处将是成长和创新最多、最快的产业领域。

相互组合产生复合效应进而引致技术融合；技术融合促使不同产业间的技术性壁垒逐渐消融；产业间形成了一定程度范围的共同技术基础；这使得产业间的技术边界日趋模糊进而发生了产业融合，如图3-1所示。

图3-1 产业融合理论的演进逻辑

3.1.2 农产品电子商务：互联网技术在农产品流通经营领域的渗透融合

从产业融合理论的演进逻辑来看，技术创新是推动产业融合发展的内生根本动因。根据前文分析，以互联网技术为代表的信息化产业与农业产业链中接触渗透较早、跨界融合相对成功的是在农产品经营流通环节。运用前文的理论框架来分析这背后的演进逻辑。

首先，"互联网＋"的融合演进过程。互联网技术的诞生被认为是20世纪中最伟大的基础性、里程碑式的科学技术创新发明。互联网技术产业可以说是迄今为止创新活动最为活跃、对经济和社会发展以及人类生活方式改变影响最为深刻的技术产业领域。而互联网技术的核心就在于它极大限度地提升了信息流动的速度、最大程度地降低了信息获取的成本，这使得互联网技术和设备成为当代信息社会最重要的基础设施。互联网技术、互联网模式、互联网思维、互联网生态、互联网经济等，万物互联、连接一切的互联网技术逐渐演化发展为"互联网＋"并不断的深刻重塑、深度再造着传统经济社会的运行模式。互联网巨大的影响力、革新力不断渗透融入经济社会生活中各行各业的生产、分配、交换、消费等各个环节，不断改造优化这些产业链条环节中的成本构成和固有特征，使得传统经济社会的产业链和互联网技术不断融合演进。这个过程的抽象构念如图 3－2 所示，其表现出在经济学意义上的演化特性，这就是产业融合的经济学逻辑。

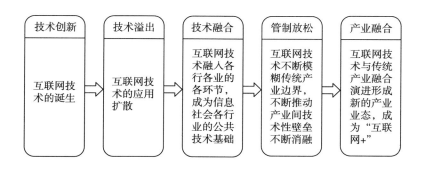

图 3－2　"互联网＋"的融合演进过程

其次，电子商务的融合演进逻辑。以图 3－2 为分析框架，将其中与互联网发生渗透融合的传统产业进一步明确为传统的商业贸易流通领域来进行分析。互联网在该领域应用的渗透、扩散、融合逐步形成了全新的业态——电子商务。简单来说，电子商务就是将原来在线下开展的商品流通销售经营活动经过数字信息化再造后移植融入互联网线上进行。对广大普通消费者和生产者来说，电子商务带来的最大改变是网络交易实现了在线直接匹配对接买卖双方，从而使传统流通环节的中间批发分销商被绕过，大幅减少了商品流通环节，有效降低了商品交易成本，让买方和卖方都能从中获益（Bakos，1998；Shaffer 和 Zettelmeyer，1999）。电子商务可以使买卖双方突破时空限制，实现全天候跨地域甚至跨境交易，极大地拓展了消费渠道和购买选择，将原来被局限在某一区域的买卖行为拓展到更加广阔的市场范围，客观上增大了市场竞争，提升了流通效率，有效避免了因市场势力不均而造成的局部市场割裂。另外，电子商务使得商品价格在网络上公开可查，商品价格信息趋于同一，而商品使用质量等主观体验感知可通过电子商务平台的顾客评价进行适度有效获取，商品质量评价趋于透明，这些都有助于解决商品市场中供求双方信息不对称的问题。综上，电子商务是解决商品流通和市场发展问题的有效载体。

最后，农产品电子商务的融合演进逻辑。随着互联网技术和移动互联技术的不断普及①，互联网的泛在接入和普惠应用逐步实现。而作为互联网融合共生、普惠实践具体表现形式之一的电子商务，正蓬勃发展并深刻影响着每个人的生活。网上购物已逐渐成为人们的日常生活方式并不断影响和改变着生产者和消费者的生产消费行为。而在电子商务的发展过程中，其在传统商务活动领域的渗透融合却并不是均衡和同步的，在不同领域的渗透融合程度呈时间差序渐进发展且和该领域商品的品类特征等有显著关联。具体来说，回顾电子商务发展历程可以发现，最先开始进行网上在线交易的是图书、软件、票务、旅游等单品和服务②，随后再逐步向其他品类扩散。在当时电子商务对于大多数人来说还是一个新兴事物，最先开始尝试上线交易的产品普遍具有标准化、易流通、非耐用等特点，这是由于具备这些特点的商品易于和电子商务流通环节渗透融合起来。标准化商品是一个产品信号，有助于打消当时想尝试在线购买消费者群体的顾虑和担心，是鼓励消费者购买的信号；此外，电子商务应用还需要其他相关产业（比如金融、物流等）的支持与配套，比如在商品配送环节其模式和效率就与快递物流行业的发展成长密切相关，易于流通的商品在电子商务初期可有效减少配送运营成本且与当时的物流基础水平相符；而对初期电子商务的各参与方来说，出于对新事物的积极谨慎会使得非耐用的低价值商品成为符合各方成本收益的理性选择，因为即便产生了损失，非耐用商品的损失

---

① 根据《第 45 次中国互联网络发展状况统计报告》数据，截至 2020 年 3 月，我国互联网普及率已超过六层，达 64.5%；手机网民规模达 8.97 亿人，移动互联的应用不断深化。

② 根据《中国电子商务白皮书（2003 年）》记载："20 世纪 90 年代中后期，在互联网用户规模持续扩大的基础上，风险资本进入互联网产业，各类电子商务网站纷纷出现。主要门户网站开始推出电子商务业务。B2C 网站大量出现，开始在网上销售图书、软件、票务、旅游等商品和服务。"

成本也让各方觉得勉强可以接受。这里可能涉及一个产品品类是否与电子商务适配的问题。易观国际在 2010 年提出了电子商务品类年轮矩阵，从配送难易度、商品稳定性、是否强体验、重量价格比这四个维度来分析不同品类电子商务应用的适配性问题①，本书将其理解归纳为品类的电子商务适配度。从以上四个维度来分析，农产品配送要求高、产品稳定性低、体验式消费和低重量价值比，农产品特性和电子商务品类要求间呈现一定偏差，其电子商务适配度相对较低，特别是生鲜农产品，被认为是电子商务领域的最后一片"蓝海"。而随着在线支付等交易系统的不断完善、物流基础设施和配送技术流程特别是冷链物流的不断优化，电子商务应用开始不断向电子商务适配低的产品品类和领域渗透扩散，当电子商务应用渗透扩散至农产品加工销售等经营流通环节，就产生了全新的业态：农产品电子商务。

综上所述，可以将农产品电子商务演化发展的经济学逻辑归纳总结为：互联网技术与传统商业流通领域渗透融合形成的电子商务业态的可交易商品品类逐步扩散至农产品流通领域的演化过程。由此可提炼出品类特征和产品特性两个农产品电子商务研究的关键变量，这涉及前文提出的农产品电子商务适配度概念。如图 3 - 3 所示。

图 3 - 3　农产品电子商务演化的经济学逻辑

---

① 赵晓萌，寇尚伟. 农业互联网：产业互联网的最后一片蓝海［M］. 北京：机械工业出版社，2016.

3.2　融合模式：消费者购买决策
——产品差异与消费者偏好的匹配

3.2.1　理论基础

（1）产品差异化。

在完全竞争的市场模型中，产品被设定为是标准且同质的；在寡头垄断的短期价格竞争分析中，伯川德悖论①（Bertrand Paradox）的决定性假设也是产品同质，价格是消费者感兴趣的唯一变量。但事实上几乎不可能有两种产品是完全同质或者是完全替代的，我们总能在产品间或多或少地发现由于某些差异而有所不同。比如，某些消费者愿意支付较高的价格接受一定程度的产品溢价倾向于购买其有偏好的特定产品。这种偏好可能是因为购买渠道的路径依赖，比如在附近或常去的地方可以买到有较好的销售服务等；也可能是因为消费者忠于品牌溢价或者不了解其他品牌产品的情况等，总之产品是差异化的。

产品差异化的讨论起源于霍特林线性城市模型（Hotelling，1929），用以关于寡头垄断竞争中产品差异与市场势力关系的考察。之后随着博弈论的发展应用，其成为产业组织理论当中众多关于市场结构研究讨论的重要内容。产品差异化的概念内涵比较丰富，一般来讲，只要两种产品不能完全替代，或者消费者主观地认为两种产品之间是有差异的，那么这两种产品就是具有异质性的，存在产品差异化（Product Differentiation）。由此可见，产品差异化的概念

---

① 让·梯若尔. 产业组织理论［M］. 北京：中国人民大学出版社，2015.

很大程度上来讲是从消费者的主观角度定义的，只要消费者在自我的主观判断中认为两种产品存在区别，不管客观上是否真的存在差异，就认为产品差异化是存在的。产品差异化的来源或者说产生原因大致上可以归纳为两种类型：第一类是产品本身存在的客观属性差异，比如具体的产品特征，包括颜色、材质、性状、区位、交易形式和相关服务等；第二类是消费者自身的主观认知差异，比如产品信息获取、消费品位和习惯、消费心理因素等方面的差异。客观属性差异主要来自现代技术的发展，不断地创造设计产生新的产品、衍生新的品类，为产品差异化提供了现实的技术和物质基础。即便在相同的技术水准类别中，生产者也可以通过细微的技术调整或者附加服务模式级差等来实现产品差异，比如同品牌款式但不同颜色的服装、同口味但不同容器设计的饮品、不同保修或服务年限的消费电子产品等。主观认知差异主要来源于信息不对称，这是因为现代生产技术条件下的产品种类和技术规范繁多，消费者在进行产品购买决策时不太可能全面彻底地了解相关信息，是不完全信息的决策。这里有信息搜寻成本（Search Cost）的问题，一个原因是不同的消费者信息搜寻成本不同，这在事实上不同程度地阻碍了不同消费者对产品信息的全面收集和深入了解，因此，不同消费者对相同产品的认知和评价存在一定程度的差异。另一个原因则是转换成本（Switching Cost）的存在，当消费者转换使用不同的产品品类或系列时存在一定程度的成本，最典型的例证就是使用安卓（Android）系统的智能手机转换为使用苹果 iOS 系统的智能手机时，不同操作系统和软件应用是不同的产品应用生态和使用习惯，这样的转换是存在成本的。搜寻成本和转换成本等信息差异所导致的产品差异在一定程度上可能意味着市场势力或进入壁垒，这是因为由于消费惯性或对新品牌的不了解消费者会倾向于选择已经在市场中存在的或者是自己习惯的品牌（Bain，1956；Schmalensee，1982；Bagwell，1990）。

产品差异化可以使厂商建立起固定的客户群（Clienteles），在商业用语中也称为市场壁龛或市场利基（Market Niches），这能够给厂商带来一定的市场势力。能够使厂商对这些相对固定的特定客户群体产生某些市场势力，即能够在不流失全部消费者的前提条件下，将价格可以提高到竞争对手的定价水平之上，也就是说，厂商此时面对的是一条倾斜向下而非水平的需求曲线，这或许是产品差异化最重要的经济学含义。更一般地可以理解为产品差异化程度越大市场势力越强（刘志彪等，2020）。

（2）特征方法。

关于产品差异化的划分方式有很多，其中，比较重要的划分方式是根据消费者对产品是否存在一致的偏好排序划分为横向产品差异（Horizontal Product Differentiation）和纵向产品差异（Vertical Product Differentiation）。

在多数情况下，相互替代或相互竞争的产品是难以找到公认的客观指标对其进行消费者偏好排序的。不同的消费者因为自身消费偏好的不同倾向会对相互竞争的产品产生不同的评价，这种偏好的差异被称为横向产品差异。比如同款不同色的手机，两者外形款式、配置参数等完全一致，仅产品颜色存在差别，但是不同的消费者会有不同的颜色偏好。相互替代或相互竞争的产品间存在大多数人认可的客观评价标准，按照这类标准来评价可以使绝大多数消费者产生一致的偏好排序，这样产生的产品偏好排序差异被称为纵向产品差异。比如绝大多数消费者都认为在其他配置相同的情况下，大排量发动机配置的汽车性能要优于小排量发动机配置的汽车。

在现实生活中，产品差异是不可能单独存在横向差异或者单独存在纵向差异的。产品差异化在大多数情况下是综合了横向差异和纵向差异的两个维度。一种产品一般是多种产品特征的集合体，即两种产品差异维度的综合。假设在某种产品的每项产品具体特征上消费者都有明确的偏好排序（纵向产品差异），但该产品不同的产品特征对不同的消费者来说重要性的权重分布不一致，综合起来看，不同消费者对该产品的评价存在差异（横向产品差异化）。

因此，要进一步刻画消费者需求就需要有更一般化的分析框架——特征方法（Characteristic Approach）。特征方法假设消费者需求针对的不是具体的某种产品，而是具体的某种产品特征（Lancaster，1966，1979，1990）。当消费者对某种产品的需求是来自于对该种产品特征的需求时，该产品可以被看作是一系列产品特征的集合体，消费者对该产品的偏好是其对每项产品特征偏好的加总。这就为分析比较产品差异提供了新的视角，不同产品间的差异可以转换成具体某种产品特征的差异比较。由此可知，特征方法将横向产品差异和纵向产品差异综合考虑进行分析框架，当独立考察产品的具体每一项产品特征时，属于纵向产品差异，当综合考察各项产品特征时，属于横向产品差异。

3.2.2　模式选择：产品差异与消费者偏好的匹配

根据前文的分析，互联网技术和商品流通领域的渗透融合产生了电子商务，电子商务对不同品类特征商品的渗透融合是非均衡不同步的时间差序渐进发展的，当电子商务应用渗透扩散至农产品加工销售等经营流通环节，就产生了农产品电子商务。而农产品品类繁多，不同品类的农产品具有不同的产品特性，应用前文的理论分析框架，可以得出这会使得电子商务对农产品流通经营的渗透扩散呈现品类差序和模式差异；进而使消费者的农产品电子商务购买行为呈现经验差序和体验倾向，这是一种农产品品类差异与消费者偏好倾向匹配时的模式选择。具体分析如下：

第一，农产品电子商务渗透扩散的品类差序和模式差异。农产品具有不同于普通商品的特殊产品特性。农产品的生产过程是一个生物过程，具有依靠自然力和外在自然条件等自然属性，其受地理区域、气候变化、生长周期等自然因素影响较大；农产品在物理上不易存储，容易腐烂变质，且保存条件要求较高，产品品质容易受到存储条件、保存时间等客观因素影响；农产品在商品性上具有异质性、时令性和评价主观性等，且其属于生活必需品，需求弹性较小，购买频率较高。以上这些农产品的产品特性或多或少都是因为不同农产品的标准化程度不充分、品类不均衡所致。农产品不同品类的标准化程度不一，其商品化程度同样不均衡，这就导致了不同品类农产品在应用电子商务时有难易先后之分（品类差序），有模式区别之差（模式差异）。

一方面，农产品电子商务渗透扩散的品类差序。农产品的自然属性决定了农产品的异质性，标准化程度高、商品化属性强的农产品品类其与电子商务的适配度相对较高，也就可能最先开始与电子商务应用结合。除去农产品生产环节的标准化作业，在农产品流通环节的标准化程度和商品化属性的重要标准是加工程度和包装要求。加工程度越高、商品化属性越强、储运配送越简单、应用电子商务越容易、越先开始探索农产品上行；包装要求越高、产品生鲜属性越强、储运配送要求越高、应用电子商务成本越高、越难开始推进农产品上行。电子商务对农产品经营流通环节的渗透扩散也就呈现出品类差序。

另一方面，农产品电子商务渗透扩散的模式差异。大多数农产品在物理上不易存储，产品稳定性不一，受存储条件、保存时间和包装配送等影响较大，其流通效率和流通方式与不同品类农产品自身的产品特性特别是其是否具有生鲜属性有关。产品加工程度高、商品属性强的农产品一般来说存储简单、保存时间长、包装配送要求低，和其他普通商品并无太大差别，其流通效率要求和流通方式要求基本可以共享其他普通商品的电子商务平台和渠道模式；而具有生鲜属性的农产品一般来说都具有不同程度的易腐易损性（表现为不同程度的损耗率），其产品不耐储、保存条件严苛、包装配送要求高等，甚至部分高端生鲜农产品需要采用全程冷链或气调保鲜等专业技术，流通效率（物流时效）要求高，流通方式需要匹配生鲜农产品品类特性，无法完全适用于既有普通商品电子商务平台的渠道流通模式，于是在电子商务向生鲜农产品的渗透扩散过程中，衍生出可能更加贴近生鲜农产品品类特征和消费特点的垂直电商平台、O2O 线上线下融合等全渠道多触点的模式。电子商务对农产品经营流通环节的渗透扩散已然呈现出模式差异。

第二，农产品电子商务消费者购买行为的经验差序和体验倾向。

首先，农产品电子商务消费者购买行为的经验差序。对于消费者来说，电子商务对不同商品流通领域应用渗透扩散的非均衡不同步会相应导致消费者的电子商务购买行为呈现类似的品类购买经验差序。如前文分析所述，消费者的网上购买消费行为的尝试始于具有标准化、易流通、非耐用特征的商品品类，这些品类的产品信息相对清晰、安全系数相对较高、消费损失（成本）相对可接受；而随着网上消费经验的积累，其对网上消费的信任度和接受度不断提升，网购商品品类范围也随之不断扩展，即消费者网上购物的品类随着购买经验积累呈差序扩散。相关调查显示①，五年以上网上购物经验的消费者几乎会全面购买各种品类在线销售的产品，而其生鲜产品的消费占比达 32%，形成了生鲜产品网上购买的消费习惯。进而可推知，在农产品电子商务购买行为中消费者同样存在着类似的品类购买经验差序，即从加工程度高、商品属性强的加工农产品开始尝试网上购买，随着经验的积累网上购买范围逐步向易腐易损的生鲜农产品扩散。

其次，消费者农产品消费需求的产品特征归纳。根据特征方法理论，消费者需求不一定是面向某种产品，更可能是针对某种产品特征。对于农产品消费者而言，满足其消费需求的农产品特征大致可以归纳为安全性、新鲜度和性价比。①农产品消费属于日常生活消费，大部分品类的农产品都具有生活必需品的属性，而其主要用途是直接食用，与消费者的身体健康和生命安全息息相关，在食品安全问题频发的今天，可以说消费者对农产品的最重要的要求就是安全。②国人的饮食习惯决定了消费者对鲜活食材近乎偏执的追求，对比国内

---

① 资料来源：《中国生鲜消费趋势报告：新时代生鲜市场制胜之道》。

外消费者的购买习惯可以发现，国外消费者适应于农产品规模化加工的冷链冰鲜售卖模式，而国内消费者则更倾向于活禽水产现杀、猪牛羊肉当日屠宰的传统售卖方式，并通过低数量高频次的购买行为来获取农产品新鲜度的保证，"新鲜蔬菜、新鲜水果、新鲜肉类"等日常用语已经表明了新鲜度是消费者对农产品特别是生鲜农产品的首要需求。③农产品属于日常消费品，重复购买频次高，价格自然是大多数人消费考虑的重要因素，但这并不意味着消费者对农产品品质的妥协，特别是随着人们收入水平的不断提升，消费升级趋向显现①，性价比就成为了两者间的平衡，至于平衡点在何处将由不同的消费者根据自身约束给出不同的消费选择。总之，消费者对农产品消费需求的产品特征——安全性、新鲜度和性价比综合起来的特征集合深刻影响着消费者的产品评价和消费决策。

最后，农产品电子商务消费者的体验倾向和品类模式选择匹配。而从农产品的消费特点来说，其具有一定程度的经验产品的特点，需要在购买使用后才能做出评价，且评价因人而异具有主观性，这也就使得农产品消费具有体验式消费特点。在反复购买的重复博弈下，先验体验的口碑效应将显著影响消费者后续购买决策。而农产品电子商务的在线评价反馈机制可以使消费者在极低成本条件下一定程度地获得优先体验信息从而削减信息不对称的影响。于是，确保农产品的安全性、新鲜度和性价比，不断提升消费者的在线购买农产品体验成为农产品电子商务运营者的理性经营选择。这个过程便发展衍生出满足不同消费者消费体验需求的农产品电子商务运营模式和渠道平台：在确保安全性的前提下②，通过尽可能地压缩配送流程、提升包装条件等来满足生鲜农产品新

---

① 根据《中国生鲜消费趋势报告：新时代生鲜市场制胜之道》数据，63%的受访者表示需要购买更好品质的生鲜农产品，生鲜品类是他们消费升级意愿最高的品类。

② 这里为便于分析，假设农产品电子商务经营者都能确保所售卖农产品的基本安全性，即便存在个别农产品安全问题的经营者，也会因为农产品电子商务的评价反馈和消费者用行动选择而退出市场。

鲜度要求，内部化配送成本使流通链条垂直延伸而极大提升流通效率的垂直电商平台和社区布点配送最后一公里以融合线上线下体验的O2O模式等专业生鲜电子商务运营模式应运而生；通过最大限度压缩运营成本来满足性价比要求，共用传统商品电子商务平台渠道而节省交易成本的平台式农产品电子商务模式是标准化程度高、产品属性强的农产品优先选择。这些运营模式和渠道平台是为了迎合消费者对不同产品品类农产品的不同产品特征的电子商务消费体验演化衍生而来。随着先验消费体验的经验积累，不同品类农产品的销售数量会越发向与其产品特征吻合的电子商务运营模式和渠道平台集聚，消费者自然会根据自身对不同农产品的需求而选择与之匹配的不同运营模式或渠道平台来购买相应的农产品，消费者的农产品电子商务购买行为呈现出消费体验倾向的品类模式选择匹配，如图3－4所示。

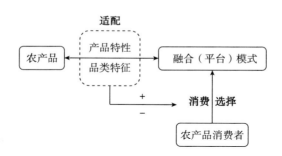

图3－4　产品特性的理论分析框架：产品差异与消费者偏好

综上所述，电子商务对农产品流通经营的渗透扩散呈现品类差序和模式差异，消费者的农产品电子商务购买行为呈现经验差序和体验倾向，这是一种农产品品类差异与消费者偏好倾向匹配时的模式选择。做出选择决策的是农产品消费者，而影响农产品消费者决策的主导因素则是农产品的品类特征。不同品类农产品具有不同的品类特征，农产品电子商务业态模式不断演进发展的逻辑是更加贴合农产品品类特征及流通需求，品类特征与农产品电子商务业态模式产生关联。因此，本书提出研究假说1：农产品品类（特征）对消费者"互联网＋农业"农产品电子商务平台模式的选择有显著影响。进一步观察，消费者在不同农产品电子商务平台购买符合其消费需求的农产品。根据农产品电子商务融合模式归纳，为了便于分析将具有相似交易属性的融合模式归结为一个大类，本书将农产品电子商务平台的融合模式归纳总结为普通电子商务平台、专业生鲜农产品电子商务平台和社交电子商务渠道三大类别。依据前文对农产品品类差异和模式差异的总结，为便于分析，本书将农产品大致区分为加工农产品、日常消费类生鲜农产品和体验增值类生鲜农产品。从而对研究假说1进行层次分解，进一步提出：

研究假说1a：相对于其他农产品，消费者更倾向通过普通电子商务平台购买加工类农产品。

研究假说1b：相对于其他农产品，消费者更倾向通过专业生鲜农产品电子商务平台购买日常消费类生鲜农产品。

研究假说1c：相对于其他农产品，消费者更倾向通过社交电子商务渠道购买体验增值类生鲜农产品。

与此同时，也可以看出农产品电子商务特别是生鲜农产品电子商务的市场发育尚不成熟，主导市场的是消费者，消费者需求偏好即市场需求偏好在很大程度上塑造了农产品电子商务市场发展的内在演进逻辑，是农产品电子商务市场发育的主要决定因素。

3.3 融合程度：生产者经营决策
——产品特性与有限理性的平衡

3.3.1 理论基础

（1）交易费用理论。

交易费用理论、制度变迁理论和产权理论并称为新制度经济学的三大理论基石。新古典经济学将"零交易费用"作为其基本假定之一，而与之相对应的是，交易费用为正的假设是新制度经济学的理论前提和基础。事实上，新制度经济学正是在对现实世界真实模拟刻画的基础上修订和拓展了新古典经济学中的部分基本前提假定而产生的。其修订和拓展就包括了机会主义行为假设、理性有界行为假定、不完全信息环境假设、正的交易费用假定等交易费用理论的关键内容（罗必良，2005）。

交易费用又称交易成本，目前尚未有一个明确的定义①，但这并不妨碍其成为分析企业性质的逻辑起点，并主导了对企业性质的探论。Coase（1937）在研究企业的性质时指出运用价格机制（市场）是存在成本或代价的，最明显的就是搜寻发现相对价格的成本，而在市场上所发生交易的谈判、签约、执行、管理和组织等支出都应考虑进来，即交易是有成本的。此时的交易费用还只是一个模糊的概念，随后，Coase（1960）在讨论社会成本问题时，重新分

---

① 定义没有明确的原因是多方面的，可能的原因主要包括对交易本身的看法不一致、理论分析视角不一致、交易费用认知程度不一致、交易活动是阶段性的等（王耀光，2013）。

析了假设交易费用为零时契约行为的特征，然后再回到交易费用为正时的现实情况，从另一角度说明了在不同制度安排下的缔约各方会最大程度地保持总的交易成本最小化（罗必良，2005），在这里交易费用被进一步细化为交易过程中不可避免产生或需支付的各项费用，交易费用的概念内涵进一步深化，交易费用思想进一步明晰。但实际上 Coase 并没有明确使用交易费用这一表述，最早使用这个名词的是 Arrow（1969），他从宏观经济运行的角度将交易费用定义为使经济系统机制运行所需的成本，与 Coase 从企业主体的角度出发点不同，Arrow 是从更宏观的市场整体角度出发。其后，不同的研究者从各自的研究方向出发提出了各自关于交易费用的定义，这些广泛的定义大体上可以按 Coase 和 Arrow 两个不同分析层次的思路延展划分为宏观层面和微观层面。宏观层面的交易费用定义包括：交易费用是类似物理系统里的摩擦阻力一样在经济运行系统中的摩擦成本（Williamson，1985）、是长期环境演变下的人际交往费用（North，1991）、是协调分工分歧时所消耗的资源价值（汪丁丁，1995）、是在一人世界中不存在的一切成本（Cheung，1998）、是人与人交往时的一切成本费用（Furubotn 和 Richter，2006）、是产权的转移、获得、保护等相关费用（Barzel，2008）。微观层面的交易费用定义主要围绕着产权交换和企业经营行为展开，主要包括：交易成本是产权交换的成本（Demsetz，1968）、是用于明晰和维持财产权利的代价（Allen，1991）、是拥有并使用相关资源的成本（Webster，2003）；而更进一步涉及产权交换所产生的成本则定义为测度用于交换且有价值属性的成本和监督履行合约的费用（North，1990）、事前谈判、起草、设置安全举措的成本和事后协商、治理、保证委托安全相关的成本（Williamson，1985）、讨价还价、信息、测量、监督、执行和行政的成本（Libecap，1986）、搜寻信息、传递信息、讨价还价、决策执行和行政等成本（Furubotn 等，2000）等。综合以上交易费用的各种定义，对比现实经济社会运行过程，可以看出，从性质上讲交易费用是一种机会成本，是不同经济主体间知识、信息不对称的结果、是利益冲突与调和进程中的资源损耗，它只能被一定程度的减小而无法彻底消除（罗必良，2005）。

在 Coase 开创性的贡献后，Arrow 和 Simon 等对其思想不断深化和拓展，Williamson 在总结前人研究成果的基础上构建起了交易费用理论，主要从契约角度来研究交易费用，他将交易按序贯性区分为事前和事后两段，并将交易费用产生的原因归结为两大类，一类是从交易客体角度来观察的交易特性要素，主要包含资产专用性、交易不确定性和交易频率三个交易的基本维度；另一类是从交易主体角度来考察人的因素，包括人的有限理性和经济自利性所致的机会主义行为倾向，这被认为是交易费用产生的根本原因，由此产生的交易费用主要通过各种制度提供的激励约束机制来降低（罗必良，2005）。也就是说不同制度安排提供的激励约束机制对生产费用的影响程度不一，从经济理性的角度来看，显然人们为了节省交易成本会倾向选择使交易费用相对较小的制度安排。交易费用的大小由此与不同的制度安排产生了联系，这个联系的传导过程是通过治理结构去实现的。实际上，交易的中介是治理结构，交易的属性不同，其相应的治理结构也就不同，即交易的组织成本和权能等就不同，这就产生了交易与治理结构的匹配关系问题。另外，契约是交易双方为了保障各自权益降低交易费用而产生的协调机制，是双方利益冲突和调和的产物，交易、契约和交易费用天然具有孪生性。因此，不同的契约关系反映着不同的交易费用，从不同的契约类型比较出发，交易费用的大小就与契约类型具有了依存关系（Williamson，1985）。综上所述，交易特性要素和人的因素造成并影响交易费用，交易费用大小与契约类型存在依存关系，不同的契约类型可以解析出不同的治理结构，而不同的治理结构对应着相应的制度安排，从而建立起人的行为决策、治理结构和制度约束之间的互动匹配关系，而各种制度安排、治理结构和契约形式的存在与选择都是为了实现交易费用最小化。其逻辑框架可以归结为如图 3－5 所示。

图 3 - 5　交易费用理论研究框架

（2）农户行为理论。

农户是对农村农民家庭的简称，家庭经营是我国农村基本经营制度的重要内容，具有基础性地位。故农户是我国农村从事农业生产经营的基本单位，农户的生产经营行为在很大程度上影响当地的农业发展。因而，农户行为吸引了众多学者从不同角度的研究关注。在关于农户行为理论的研究中，围绕着农户是否理性、何种理性和是否足够理性形成了三种主要的观点学派：一是理性小农学派，以 Schultz 和 Popkin 为代表；二是道义经济学派，以 Chayanov 和 Scott 为代表；三是综合分析学派，以黄宗智为代表。

第一，理性小农学派的主要观点就是认为农户是理性的。Schultz（1964）认为，传统农业的小农户是可以看作一个资本主义企业的，其经营目标和其他理性经济人一样都是追求利润最大化。而其为了获取最大利润，在资源分配中小农会理性地平衡边际收益和边际成本，因此，引进先进技术提供给小农户合理利用是改造传统农业的有效途径。Popkin（1979）进一步提出小农的农场最适宜用"公司"来类比，因而小农户会像商人一样，在权衡计算后做出利益最大化的合理选择。

第二，道义经济学派又称为道义小农学派，其主要观点是着重强调农户的生存道义。恰亚诺夫（1996）认为小农户经营不同于资本主义企业即一般的理性经济人，其最大的特点是以家庭作为生产经营的核算单位，主要为自己家庭的生存需要而进行生产经营活动，因此，其生产经营的行为逻辑并不是完全追求利润最大化的纯粹经济考量，更多的是为了满足家庭生计需求。Scott

（1976）则主要从风险承担的角度来分析，他认为生存伦理就是小农户的道义经济行为，小农户会因为迫于生计压力而恐惧或厌恶风险，倾向于采取保守安全的选择来满足家庭基本生存需求，而不是冒险追求收益最大化。

第三，综合分析学派试图将以上两派的观点融合在一起进行综合分析。黄宗智（1986）在研究华北平原地区的小农经济和社会变迁时，将小农户的行为特征概括为处于理性和非理性相结合状态的复杂体。他认为小农户的生产经营行为是随着其生产规模变化而相应变动的。小农户的重要特征之一就是为自己家庭消费需求而生产。当农户小规模耕种时，主要是为了满足家庭口粮等基本消费需求的生产目的，农户行为主要表现出自给生产行为特征；当农户进行较大规模经营时，其满足家庭生活需求的同时，更主要的为了满足市场需求而生产，此时，农户行为主要表现出逐利的理性行为特征。我国农户的情况大多介于以上两者之间，综合来看其具有有限理性的特征。

探讨农户是否理性可以简单区分理性小农学派和道义经济学派，但实际上这两者都可以刻画农户的理性行为，差别在于前者表现的是经济理性，追求最大收益，后者揭露的是生存理性，追求最低生计（曾亿武，2017）。可以说，讨论何种理性是对两者更明确的区分。此外，分析农户是否足够理性是综合分析学派的独特视角，也是与其余两者的显著区别。结合实际，农户行为的理性程度存在差异可能是更接近实际的刻画，本书将应用综合分析学派的有限理性思想为指导，来探讨农户生产经营决策行为。

（3）发展理性：综合分析学派农户有限理性思想的可能拓展。

从前文分析可知，综合分析学派有限理性思想的研究对象是我国 20 世纪 80 年代的小农户。改革开放初期，在当时经济社会历史条件下的小农户的确在一定程度上面临着生计问题，当生产经营规模较小时，却有可能无法满足家庭基本生活需求，行为特征表现为如何活下去的生存理性，在当时的理论背景下这是农户有限理性的思想。然而，随着我国经济社会水平持续发展，农村居民的收入水平不断提升。《中国统计年鉴（2019）》数据显示，2018 年我国农村居民人均可支配收入 14617 元，农村居民人均消费支出 12124.3 元，月均收入和支出均超过了 1000 元，可以说，当前我国绝大多数农村居民的温饱问题已经解决。此时的小农户可能更多的是面对满足基本温饱后如何进一步获取更高家庭收益的发展问题。这样的发展需求归结起来是对美好生活向往而谋求更好家庭发展的理性需求，更高家庭收益不单纯是指金钱收入，也有可能包含了更好的生活环境、教育资源和保障水平等更全面的发展问题。这个发展问题可以表现为追求更高相对收入大量农村劳动力的非农转移和追求规模经济效益的农业大户、家庭农场和农民合作社等规模化生产经营现象。此时，再使用生存理性来刻画农户自给生产时的行为特征将不完全符合当下实际。分析发现类似于生存理性，生产规模变化依然可以作为农户行为特征归纳的解释变量。生产规模小的农户依然是为了满足家庭生活需求，但却并不是传统生存意义上的满足，随着家庭主要劳动力流向相对收入较高的非农就业，其家庭生活主要经济来源是非农业生产收入，这是可以解决生计问题的。留守家人的小规模细碎化农业生产行为主要表现为温饱无忧时的自主生产倾向，行为特征受市场需求因素影响较小，主要满足自身需求，这是一种农户家庭发展的自给生产，其生产目的可能是自给需求，可能是零散经营需求，也可能是消耗时间闲暇需求。与之相对应，生产规模较大的规模化农业生产经营主体，其生产经营行为主要是为了满足农产品市场需求，追求农业生产经营的利润最大化，其行为特征具有典型的经济理性特征。综上所述，当前我国农户的大体情况介于以上两种情况之间，综合分析的农户行为具有有限理性特征。于是，为了能更准确反映当前农户行为所嵌入的现实背景，本书尝试修正生存理性中农户所面临的生计问题，将其拓展为更符合当前现实的农户发展问题，试图用修正后的发展理性对生存理性进行拓展和深化，以增强有限理性思想的适应性和解释力。

3.3.2 交易费用：产品特性与有限理性的平衡

交易费用理论通过将交易费用大小与契约形式差别相关联，从基于交易费用大小的视角出发为农产品是否采用网上销售方式提供理论解释。实际上，推动农产品网上销售流通的动因正是由于农产品电子商务这种产业融合模式的交易费用较低。而农户行为有限理性的思想，从决策主体的微观视角为进一步探讨农户生产经营决策行为提供指导。一方面，当农户生产规模小主要满足自给等相关需求时，其行为特征具有非完全经济逐利性的发展理性；另一方面，当农户生产规模大而主要迎合市场需求时，其行为特征具有追求交易效率和收益最大的经济理性。

（1）产品特性：交易要素特性的交易费用差别。

不同农产品具有不同的产品特性。不同产品特性农产品其交易要素特性各不相同。为了便于开展理论分析，结合前文基于农产品特性的电子商务适配度分析，对不同农产品特性，本书将主要从标准化程度和品质保持度两个维度去考察。根据标准化程度高低，将农产品区分为加工农产品或初级农产品；根据品质保持难易程度，将农产品区分为生鲜农产品和耐储农产品①。

根据交易费用理论，交易要素特性主要包括资产专用性、交易不确定性和交易频次。本书将从这三个维度来对比分析不同品类农产品在流通环节的差异。首先，从资产专用性来分析，加工农产品因为对农产品有一个分拣、加工（包括物理、化学或生物学方法等）和包装等的加工过程，相当于对这类农产品进行了一次标准化程度和商品化属性的提升和加强，使其标准化程度相对较高，商品化属性也相对较强，此类农产品在流通环节可以共用其他普通商品流

---

① 以上两个维度的考察分类，并不能完全泾渭分明地将所有品类的农产品进行严格的类别区分，仅是一种理论分析意义上的抽象化和构念化的区分。事实上，个别农产品可能同时具有一种维度类型以上的产品特性，为便于理论分析着重抽象提取其最主要的产品特性进行考察区分。

通时的各渠道基础设施，其在资产专用性上相对较低；而与之相反，初级农产品则因为物理性状各异，其标准化程度普遍不高，商品化属性相对不强，其在流通环节可能需要通过农产品流通专有渠道，资产专用性相对较高；另外，生鲜农产品易腐损，其产品品质主要依赖对鲜活程度的保持，故在存储条件、包装要求和流通效率等方面要求非常高，需要应用专门的存储、包装和配送等设施和技术，资产专用性高；而耐储农产品则相对易于储存，包装要求低，流通效率要求不高，资产专用性相对较低。其次，从交易不确定性来分析，标准化商品化的加工农产品能有效降低消费者的信息不对称，交易不确定性相对较小；初级农产品的自然随机性产品差异（大小、色泽、风味等）较多，交易不确定性相对较大；生鲜农产品品质受保存、包装和储运条件、配送效率等影响明显，其交易不确定性大；相反耐储农产品其品质受储运包装等因素影响较小，相应的交易不确定性相对较小。最后，从交易频次来分析，农副产品作为食物具有生活必需品属性，总体交易频次较高，但具体到不同类型农产品因产品特性和保存期限不同而有所差异，加工农产品和初级农产品相比保存期限更长，购买频次低于初级农产品；生鲜农产品和耐储农产品相比更易变质，购买频次高于耐储农产品。根据以上分析结果，结合交易要素特性对交易费用大小的影响分析，可以比较得出两个考察维度下不同农产品的交易费用差异，结果如表 3 - 1 所示。

表 3 - 1　基于交易要素特性的不同类型农产品交易费用比较

		加工农产品	初级农产品	生鲜农产品	耐储农产品
交易要素特性	资产专用性	低	高	高	低
	交易不确定性	小	大	大	小
	交易频次[①]	低	高	高	低
交易费用		低	高	高	低

---

① 需要指出的是，农产品总体上属于交易频次较高的生活必需品，而由产品特性保存期限等引起的交易频次差异对交易费用的影响程度相对有限。

由表 3 - 1 结果可知，不同产品特性的农产品具有不同的交易要素特性，交易要素特性分别从资产专用性、交易不确定性和交易频次三个基本维度来影响交易费用。从标准化程度的考察维度来看，标准化程度更高的加工农产品交易费用较低；从品质保持度的考察维度来看，品质保持更困难的生鲜农产品交易费用较高。如图 3 - 6 所示，农产品的产品特性与交易费用大小产生了关联，主要通过交易要素特性对交易费用施加影响。

图 3 - 6 产品特性与交易费用的关联路径

（2）有限理性：人的因素的交易费用差异。

根据前文分析可知，不同产品特性的农产品因交易要素特性差异而具有不同的交易费用，那么不同产品特性农产品在进行在线交易（电子商务）时自然也会产生不同的在线交易费用。应用图 3 - 6 的关联路径分析框架，不同产品特性农产品采用在线交易（电子商务）方式的交易要素特性影响分析如下：①在资产专用性上，加工农产品标准化程度高商品化属性强，进一步拓展可通用其他普通商品的电子商务渠道流程和设施，资产专用性程度有所降低；初级农产品物理性状差异其网上销售需要专业的农产品电子商务渠道和配送流程，资产专用性程度进一步提升；同理，生鲜农产品需要专门的生鲜农产品电子商务渠道平台和包装配送流程，其资产专用性程度进一步提高；耐储农产品因储运要求不高，其网上销售可借助其他商品电子商品渠道配送流程，资产专用性程度有所降低。②在交易不确定性上，互联网信息技术大大降低了交易双方的信息不对称，且随着交易规模的不断扩大，农产品电子商务评价反馈机制的口碑效应使得不同类型农产品各自的交易不确定性存在不同程度下降。③在交易频次上，农产品在线交易打破时空区域限制，拓宽农产品流通渠道，使得不同类型农产品的交易效率和频次不断提升。具体的影响结果如表 3-2 所示。

表 3-2　基于交易要素特性的不同类型农产品网上交易费用影响分析

		加工农产品		初级农产品		生鲜农产品		耐储农产品	
		影响		影响		影响		影响	
交易要素特性	资产专用性	低	↓	高	↑	高	↑	低	↓
	交易不确定性	小	↓	大	↓	大	↓	小	↓
	交易频次	低	↑	高	↑	高	↑	低	↓
交易费用		低	↓	高	↓	高	↓	低	↓

不同的农产品在线交易（电子商务）模式相当于是不同的农产品网上"交易装置"，这个"交易装置"是包含了相应制度安排、治理结构和契约类型的一个"黑匣子"。根据交易费用理论，不同"交易装置"具有不同的制度安排、治理结构和契约类型，自然其也就形成了不同的交易费用，而不同的交易费用反过来影响着生产经营者对不同"交易装置"的选择决策。

在决策的过程中，决策者是最关键的因素。小农户是我国农业生产经营的微观主体，是自主生产经营行为的决策者，其理性的决策行为（包括是否采用网上交易销售农产品和在多大程度上使用）应是更加倾向于选择交易费用相对较小的交易形式。根据农户行为理论的有限理性思想，小农户的决策行为特质受其生产经营规模影响，生产经营规模较小的农户更多地表现出生产自给化倾向的发展理性（非完全经济理性）特征；而生产经营规模较大的农户则主要表现为追求利润最大化的经济理性。简单来讲，生产经营规模大的家庭农业，家庭主要收入来于农业生产经营，这是追求收益最大化的规模经营农户，其生产经营行为呈现追求利润最大化的经济理性特征，会优先选择交易费用低的交易形式，更易于接纳交易效率相对较高的农产品电子商务模式并采纳适于其所生产农产品特性的农产品在线"交易装置"，这类农户主要包括家庭农场、农业生产大户和农民合作社等规模化经营主体。而农业生产经营规模小的家庭，一是因为家庭自身资源禀赋约束下的生产经营分散细碎，其决策受自身条件制约而倾向简单直觉，考虑符合自身资源约束的现实选择；二是可能农户家庭收入构成中农业生产经营收入占比少，家庭主要劳动力向非农业生产领域转移，家庭农业生产经营兼业化副业化，其小规模分散生产主要是满足自己生活需求的自给生产，不以追求经济利益最大化为主要目标，在决策时会根据自身情况追求选择相对满意、倾向匹配自身实际需求的直接选择，这类农户主要包括经营分散细碎的小生产农户和劳动力转移的农村留守家庭等农村生活主体。而无论是简单直觉的现实选择还是相对满意的直接选择，都属于小农户有限理性下的相对选择，收益最大化并不是主要目标，交易费用高低的影响程度不均，农户对是否采用农产品电子商务采纳哪种类型的在线"交易装置"表现出或保守或盲目的矛盾，"观望"往往成为了这类小农户的理性选择。

综上所述，通过农产品在线交易（电子商务）的交易要素特性分析可知其交易效率较高交易费用相对较低。但农户是否愿意采纳或应用农产品在线交易（电子商务）模式取决于其生产经营规模和行为理性程度，追求收益最大化的经济理性时更易于接纳网上交易而采用符合其生产产品特性的交易模式；而追求简单直觉和相对满意的发展理性时则更易于保守盲目而采取观望的态度。如图 3-7 所示，人类有限理性行为演化出不同交易费用的不同交易模式，交易费用高低的影响并不均衡，这或许也是不同交易费用的不同交易模式得以共存的原因。

（3）农产品生产者的经营决策：产品特性与有限理性的平衡。

根据前文的理论分析，无论是否属于同一品类，不同的产品具有不同的产品特性，而产品特性通过交易要素对交易费用施加影响、产生关联，则不同产品特性的产品适配不同的交易费用；另外，不同的农户面临着不同的资源禀赋

图 3 − 7 有限理性与交易费用的关联因素

限制，其作为农业生产经营主体在生产经营决策时主要受到人的因素有限理性的影响，农户的不同理性程度和类型决定了不同主体的目标取向差异，从而对应着不同的交易费用选择，即不同理性程度和类型的有限理性匹配不同的交易费用。农业生产经营的主体农户和客体农产品均通过各自不同的关联途径与交易费用大小产生动态匹配，交易费用成为农产品生产者经营决策的核心分析变量。根据交易费用理论，不同交易费用对应不同的制度安排、治理结构和契约选择。农产品生产者的经营决策过程就变成了产品特性与有限理性的平衡，而这个所取得的平衡对应着产品特性匹配和有限理性约束下的恰当交易费用，不同的交易费用则匹配合理的"交易装置"（制度安排、治理结构和契约选择）。具体如图 3 −8 和图 3 −9 所示。

图 3 −8 产品特性和有限理性的平衡

综上所述，小农户生产者的经营决策机制是产品特性关联交易费用影响农户线上销售判断。另外，小农户根据自身所学知识、经验积累和实际情况来判断是否采用互联网销售其所生产农产品。对此，本书提出研究假说 2：产品特性对"互联网 + 农业"电子商务平台的融合程度（面向农户时是否采用互联网销售）有显著影响。而属于同一品类下的不同农产品具有不同的产品特性，为便于分析进一步对产品特性进行抽象划分为包装要求、存储条件和地域性

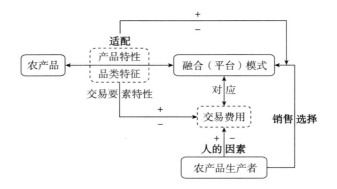

图 3 – 9　基于交易费用的理论分析框架：产品特性与有限理性

三种特性。从而三种特性情况下生产者采用互联网销售选择具有对应匹配关系。由此进一步对研究假说 2 进行层次分解，进一步提出：

研究假说 2a：包装要求越严格，采用互联网销售的可能性越高。

研究假设 2b：存储条件越苛刻，采用互联网销售的可能性越低。

研究假设 2c：地域性越明显，采用互联网销售的可能性越高。

3.4　融合绩效：技术效应和渠道效应
——双边用户召集向双边利益平衡演进

根据前文分析可知，在农户行为有限理性的情况下，有时候"观望"会成为小农户的理性选择。而当观望到一定阶段和一定程度时，特别是农户发现身边有一些农户采纳某种生产经营技术而获得成功时，有限理性的小农户可能会随着越来越多的新技术采纳行为而改变自己的观望态度为选择跟进尝试。该项被采纳的技术或使用的产品随着用户的规模增加而带来更多的收益或效用，表现出了网络外部性（Network Externality）的特点。

3.4.1　理论基础

（1）网络外部性。

当一种技术或产品对某一具体使用者的价值或收益是随着采用该技术或产品的用户规模增加而不断增加时，这项技术和产品具有正的网络外部性的特性。当然某些情况下（比如奢侈品）也存在负的网络外部性，即收益随着用户规模增加而减少。下文如无特别注明均为正的网络外部性。

网络外部性可以分为直接网络外部性（Katz 和 Shapiro，1985；Shy，2001）和间接网络外部性（Economides，1989；Chou 和 Shy，1990）。直接网络外部性如电话等通信工具，某一具体用户将从该通信工具的同一接入网络的其他用户规模增长中不断获益。由于存在生产规模收益递增的情况，当使用某项商品或技术的网络用户规模不断增长时，会随之产生更多的互补性产品供给，在用户需要同时使用具有互补性产品的情况下就会带来总体收益的增加，这也是间接网络外部性形成的重要原因（刘志彪等，2020）。

当某种商品或服务存在外部性时，使用者从该商品或服务中获得的效用或收益是随着用户规模扩大而增加的。此处的用户规模扩大既可以是实际用户规模的扩大，也可以是出于对用户规模扩大的一种预期，这种预期来自用户或潜在用户。换言之，网络外部性会导致产品或服务的用户预期可以直接影响其最终实际需求。这里会产生一种需求的自我强化机制，即预期用户规模扩大，引致潜在用户实际进入产品或服务的用户群体，印证并强化了用户规模扩大的预期，而进一步吸纳更多的潜在用户群体加入，如此循环往复而自我强化。根据一般经验来看，自我强化一般是在用户规模达到某个阈值或临界规模的时候会得以实现，从而产生更高均衡水平的用户数量增长，呈现出需求的巨大增长。这个临界规模被称为关键数量，就是在给定价格之下用户从网络外部性商品中能够严格获益的最小用户规模（刘志彪等，2020）。也就是说具有网络外部性的商品其需求增长是非线性的，当用户规模突破某一临界水平后会呈现出高速增长的现象。

（2）平台经济。

以互联网技术为代表的信息技术的发展，使得社会组织架构不断被解构离散而"去中心化"，而人与人之间的地理时空限制却因为信息技术而不断被打破，人们能通过网络实现前所未有的交互协作，呈现出另一种形式的重新"中心化"，这个重新"中心化"的纽结就是平台（陈永伟，2017）。平台的兴起被认为是"数字革命"的标志之一（McAfee 和 Brynjolfsson，2017），平台在这里可以理解为是实际的交易场所也可以是虚拟的市场空间，其被定义为买卖双方交换商品、信息和服务的交易场所（Materns，2016），它可以导致或促成双方或多方之间的交易达成，被看作市场的具化（徐晋，2007）。当今最成功的企业，或多或少都具有平台属性（Evans，2011；Gawer 和 Henderson，2015）。

对平台的研究和讨论离不开双边市场。双边市场中两边的用户在平台中交互，且各自受到特定的网络外部性影响。平台在双方的交互过程中是"非中立的"，即卖方不能将平台费用完全转嫁给买方，而平台能够对双方采取不同的价格策略从而产生不同的影响，该平台所实现的交易市场就是双边市场（Rochet 和 Tirole，2003）。这里存在一个价格结构的问题，这也是平台经济学双边市场与传统古典经济学单边市场的主要差异。价格结构的改变会显著影响双边对平台的需求和参与度，其在平衡双边用户需求方面就显得尤为重要。

此外，平台经济与传统经济的相比还有两个显著特征，网络外部性和多属行为。在平台经济双边市场中，网络外部性是跨群的，即平台一方的用户规模增长会关联影响平台另一方用户规模增长，从这个角度理解的双边市场就是至少一侧或者双侧都有跨群网络外部性的市场（Rochet 和 Tirole，2003；Caillaud

和 Jullien，2003；Evans，2003；Amstrong，2006）。多属行为（Multi – Homing）是指平台市场中的一方或者多方的用户会同时与多个平台产生关联的行为，这主要是由于平台间可兼容替代和用户多样化需求等原因。

平台可以按不同的标准和方法分类，根据功能作用可以划分为市场创造型、受众创造型和需求协调型（Evans，2003，2007）。市场创造型平台将有买卖需求的群体集合起来，降低搜寻成本并提高交易匹配可能性，比如电子商务平台；受众创造型主要是媒体等内容创作发布平台；需求协调型则主要是操作系统、软件平台等生态体系平台。根据平台不同的网络外部性可以分为交易型和非交易型（Filistrucchi，2013），这主要是和平台的网络外部性类型关联的，Evans（2003）将平台的网络外部性区分为成员外部性和使用外部性，简言之，交易型平台就是平台双边成员需要使用平台发生交易才会产生网络外部性，例如注册成为电子商务平台的用户但并未使用电子商务平台发生交易，则不会产生网络外部性，只有电子商务平台的用户通过平台发生并完成了交易，才能通过使用形成网络外部性；反之，非交易型平台则是用户加入了平台就会产生网络外部性，例如，只要用户注册成为了社交网络平台的会员，就会产生网络外部性，这与其是否成为平台成员有关，与其日常是否使用无关。

平台经济的逻辑起点就是要构造一个平台，这个平台同时兼具有市场和企业的属性。而农产品电子商务平台则是通过互联网技术在农产品流通领域的渗透融合产生而桥接于农产品生产经营者和农产品消费者之间的虚拟市场渠道，其不同于传统企业和市场的对立二分（Coase，1937），它既是市场作用又可表现出企业形态，具有了典型的平台经济特点。

3.4.2 融合机理：网络外部性的演进

根据前文分析，农产品电子商务是互联网技术向农产品流通领域渗透融合而形成的虚拟化市场平台，其形成的内生动力是推动"互联网＋农业"产业融合发生的互联网技术兴起和扩散应用。农产品电子商务平台是典型的平台经济，平台经济理论可以通过面向平台双侧的跨群网络外部性关联分析为农产品电子商务平台的产生运作机制提供理论解释。事实上，推进农产品电子商务平台演进发展的重要动因正是平台两边的消费者和生产者与平台的有效协同联动。平台经济理论为解析他们"是否与平台产生联系（融合程度）、怎样与平台发生关联（融合效果）"提供了理论分析工具，也为进一步探讨"互联网＋农业"产业融合机理提供指导。

从平台产生发展的动态演化角度来看，网络外部性是平台演化发展的起点和主要动力（芦千文，2018）。依托互联网技术构建起来的农产品电子商务平台，如果没有平台两侧的农产品生产经营者和农产品消费者与之关联，其并无任何价值。因为没有用户的平台不能成为平台，其不存在网络外部性也就无从探讨平台经济，只有当平台两侧的用户都能与平台关联，并进一步对平台的产品和服务有需求时，平台才有价值（刘志彪等，2020）。可见，农产品电子商务平台两侧的生产者和消费者与平台的有效协同联动是平台形成和发展的主因。因此，本书将农产品电子商务平台两侧的农产品生产经营者和农产品消费者是否注册成为农产品电子商务平台①用户，设定为表示其"是否与平台产生联系"即融合程度的指征；将农产品电子商务平台两侧的农产品生产经营者和农产品消费者注册成为平台用户后是否实际使用该平台销售或购买农产品设定为其"怎样与平台发生关联"即融合效果的指征。

（1）平台双边用户召集：技术效应和成员网络外部性。

如前所述，平台经济的理论基础是网络外部性，而网络外部性讨论的逻辑起点则是用户规模。那对于双边市场的平台来说首先需要面对的就是跨群的平台两侧用户规模问题即跨群网络外部性，这是一个"先有鸡还是先有蛋"的

---

① 为便于分析，此处不对何种农产品电子商务平台进行区分。

问题，召集平台双边用户就成为了搭建起平台后首先需要解决的问题。

第一，技术效应——农产品电子商务平台产生发展的先导。农产品电子商务平台产生发展的内生动力是互联网技术的兴起应用，互联网技术在各行各业大规模应用所产生的技术效应推动了互联网技术和其他产业特别是传统产业的融合发展。农产品电子商务平台形成、演化发展的逻辑是互联网技术与传统商品流通经营领域的渗透融合形成了电子商务平台；而根据产品特性适配电子商务程度，电子商务平台上的商品品类渐次从标准化、易储运的普通商品向非标准化、鲜活性的生鲜农产品渗透扩散，逐步造就了农产品电子商务平台。

以互联网技术为代表的信息技术，通过在信息收集、传输和处理等方面的革命性突破形成了不可逾越的巨大优势。其在经济社会生活各领域的成功应用形成了强烈的技术示范效应，这会给应用互联网技术的农产品电子商务平台可能的潜在用户一个明显预期——应用新技术平台可使交易成本预见性显著下降。当进一步引起更多潜在用户关注时，该预期会激发并整合更多平台双方潜在用户特别是中小型用户个体的细碎边际化需求，故而技术应用会吸引潜在用户与应用技术平台发生关联——尝试注册成为平台会员。换言之，技术效应会形成对平台用户规模正向的消费者预期。

第二，成员网络外部性——农产品电子商务平台演进发展的动因。根据平台经济理论，平台具有网络外部性特征，用户规模是平台的价值所在。而平台与传统市场最大的区别就是对市场中微观个体的关注，平台能够激发并整合离散的双边微观个体需求，为长尾理论提供生动注解（李凌，2015）。当平台吸引潜在用户注册发生关联后，双边用户就开始逐渐向平台两侧聚集，但这是一个非线性演化发展状态。根据网络外部性理论，具有网络外部性特征的平台，在用户没有达到临界规模或关键数量前，其双边用户规模数量增长非常缓慢，但当达到关键数量后会迅速增长，这是平台演化发展的动力机制。

平台的网络外部性包括成员网络外部性和使用网络外部性（Evans，

2003），两者呈现一定的时序交替。由于有限理性和多属行为，大多数用户在与农产品电子商务平台发生关联（注册会员形成成员外部性）后并不会立刻使用农产品电子商务平台（实际使用形成使用外部性），无论农产品生产者还是消费者一般都会有一定时间（时间长短不一）的观望了解。但无论观望时间长短，平台的最优策略都是解决"鸡蛋相生"问题（Gawer 和 Cusumano，2002），尽快达到双边注册用户规模的关键数量。故而平台需要通过价格倾斜（免费入驻平台等）或补贴行为（新客注册优惠等）最大限度吸引某侧用户尽快产生关联而将规模尽可能短的时间内推至临界规模，从而通过成员外部性协同提升对侧用户规模来实现整个平台双边用户规模递增，这就是农产品电子商务平台双边用户召集的逻辑。具体如图 3－10 所示。

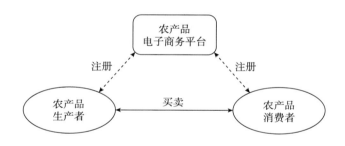

图 3－10　农产品电子商务平台双边用户召集

当农产品电子商务平台的双侧用户注册规模达到关键数量时，双边都会呈现快速增长。而随着注册用户规模的增加，由于示范效应等因素平台注册用户规模与双边用户使用平台的预期正相关，即注册用户规模基数越大、用户对平台的信任度越高、使用平台的意愿就越强。具体如图 3－11 所示。

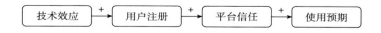

图 3－11　农产品电子商务平台的演进逻辑

（2）平台双边利益平衡：渠道效应和使用网络外部性。

在成员网络外部性的作用下，当农产品电子商务平台的注册用户达到一定规模后，注册用户对农产品电子商务平台的信任度会随着用户规模增加而进一步提高，从而不断缩短注册用户在平台的观望时间，平台使用预期的提升吸引部分具有电子商务经验的注册用户开始尝试选择使用农产品电子商务平台；随着使用者的体验反馈和示范带动，双边注册用户使用比率和规模逐步提升，生产者销售渠道和消费者购买渠道不断拓展，双边用户的渠道效应不断提升；当注册用户实际使用平台的用户规模达到临界规模或关键数量时，双边用户即实际使用平台销售和购买的用户数量快速增长，平台的农产品销量剧增，渠道效应和使用网络外部性相互叠加。此时的平台可以说已经解决了"鸡蛋相生"的生存问题，进入不断成长的快速发展阶段。但是，无论渠道效应还是使用网络外部性都可以是双向发展的，可以增加，同样可以减少。因此，如何平衡好双边用户利益是关系到平台可持续发展的重大问题。

第一，渠道效应——农产品电子商务平台的模式匹配。实际上，对于农产品电子商务平台的双边注册用户来说，多数行为是其理性选择，毕竟鸡蛋不能只放到一个篮子里。对农产品生产经营者来说，其产品是传统线下渠道销售还是尝试拓展在线销售渠道，甚至选择哪个平台哪种在线销售模式都是其生产经营的决策选择；对农产品消费者来说，其购买产品是从传统线下采买渠道还是体验在线购买方式，甚至选择哪个平台哪种在线消费模式也都是其日常消费的购买选择。根据前文分析，生产者决策选择主要受不同产品特性农产品适配电子商务程度所产生的交易费用差异影响；消费者购买选择主要受其对不同产品品类农产品的差异化需求所形成与之适配的消费体验差别影响。因此，生产者和消费者可能同时选择多种销售渠道和购买渠道模式的组合，以实现综合交易费用最低或消费体验最佳。而无论是交易费用抑或是消费体验，关键因素都在于农产品产品特性与不同流通渠道的匹配程度。现实观察可以发现，农产品电子商务平台不断演化出适配不同产品特性农产品的交易流通模式，包括适配标准化程度较高、商品化属性较强农产品的普通电子商务平台模式；符合配送要求高、鲜活易损生鲜农产品的垂直电商平台、O2O线上线下融合等模式。产品特性与渠道模式匹配，对生产者能降低交易费用，提高流通效率，提升销量规模；对消费者能减少信息不对称，满足需求差异，提升消费体验。不同品类农产品的产品特性与不同农产品电子商务平台之间的模式匹配程度，成为该平台模式的双边注册用户是否实际使用或是否持续性使用该平台的决策关键因素。因此，产品特性和平台模式匹配程度越高，选择使用该平台模式的双边用户越多，该平台模式的渠道效应越显著。

第二，使用网络外部性——农产品电子商务平台可持续发展的关键。如前文所述，当平台注册用户尝试实际使用平台时，平台的使用外部性就开始逐渐显现。而产品特性和平台模式的匹配程度决定着平台双方注册用户的实际应用效果，也就决定着双边实际用户是否能达到临界规模或关键数量进而实现双边实际用户规模的快速增长，实现从成员网络外部性向使用网络外部性的演进，这是农产品电子商务平台可持续发展的关键。由此可见，产品特性和平台模式的匹配是平衡平台双边用户利益的核心。

平台模式是互联网技术在农产品流通领域融合演化出的满足不同消费者差异化消费需求的电子商务应用模式；平台模式的内在逻辑就在于其能否有效协同生产者组织起不同品类农产品满足消费者需求。平台模式间的差异就是与不同品类农产品特性间的匹配。因此，不同的平台模式就是平衡不同品类农产品生产者和消费者利益的有效联结机制。具体如图3-12所示。

产品特性与平台模式匹配，平台模式与其双边用户规模关联，而平台双边用户规模区分注册用户（融合程度：是否与平台产生联系）和实际用户（融合效果：怎样与平台发生关联）。由此，产品特性通过与平台模式的匹配在融合程度和融合效果间动态关联，这是一个动态匹配的过程：当产品特性与平台

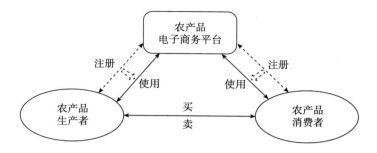

图 3－12 农产品电子商务平台双边利益平衡

模式的匹配程度较高时，该平台模式对双边潜在用户的吸引力（更低的交易费用或更好的消费体验）更强，其融合程度相应更高，会正向强化注册用户选择实际使用该平台的尝试，形成更好的融合效果；当产品特性与平台模式的匹配程度不高时，该平台模式对双边潜在用户的吸引力（更高的交易费用或更差的消费体验）较弱，其融合程度相应较低，会反向削弱注册用户选择实际使用该平台的尝试，融合效果不佳。具体如图 3－13 和图 3－14 所示。

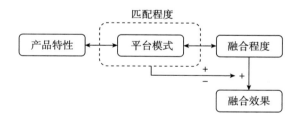

图 3－13 产品特性、融合程度与融合效果

综上所述，农产品电子商务平台的作用机制是融合程度于融合效果的直接影响，技术效应与融合程度和融合效果的间接影响之渠道效应的综合作用。而农产品电子商务平台是互联网技术向农产品流通领域渗透融合而形成的虚拟化

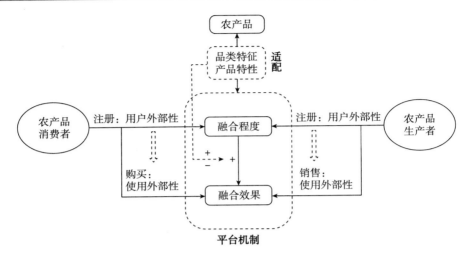

图 3 - 14　平台机制的理论分析框架：网络外部性的演进

市场平台。从平台与用户间的互动关系角度，将用户"是否与平台发生联系"视作融合程度表征，将用户"怎样与平台产生联系"视作融合效果表征。对此，本书提出研究假说3："互联网＋农业"农产品电子商务平台的融合程度与农产品特性的匹配情况，显著影响"互联网＋农业"农产品电子商务平台的融合效果。即产品特性与融合程度相匹配会强化对融合效果的正向影响；产品特性与融合程度不匹配则会削弱对融合效果的正向影响。结合前文对技术效应和渠道效应的分析，本书进一步提出：

研究假说3a："互联网＋农业"农产品电子商务平台的融合程度直接影响"互联网＋农业"引致的技术效应。

研究假说3b："互联网＋农业"农产品电子商务平台的融合程度通过产品特性间接影响"互联网＋农业"引发的渠道效应。

3.5　理论框架和研究假说：模式、程度和效果

从理论层面剖析"互联网＋农业"农产品电子商务平台的作用机制，必须首先从农产品电子商务平台的本质出发，探究其发展演化的经济学逻辑。农产品电子商务的演进逻辑可以归纳总结为互联网技术与传统商业流通领域渗透融合形成的电子商务业态的可交易商品品类逐步扩散至农产品流通领域的演化过程。在明晰了农产品电子商务平台的发展逻辑后，不难看出品类特征和产品特性是分析的关键变量，也是进一步探析"互联网＋农业"平台作用机制的研究出发点。

首先，电子商务对农产品流通经营领域的渗透扩散呈现品类差序和模式差异，而消费者的农产品电子商务购买行为呈现经验差序和体验倾向，这是一种农产品品类差异与消费者偏好倾向匹配时的模式选择。做出选择决策的是农产品消费者，而影响农产品消费者决策的主导因素则是农产品的品类特征。不同品类农产品具有不同的品类特征，农产品电子商务业态模式不断演进发展的逻辑是更加贴合农产品品类特征及流通需求，品类特征与农产品电子商务业态模式产生关联。

其次，农产品通过其品类特征和产品特性的有关交易要素特性关联交易费用；而农产品消费者主要通过有限理性等因素匹配交易费用。即农业生产经营的主体农户和客体农产品均通过各自不同的关联途径与交易费用大小产生动态匹配，交易费用成为农产品生产者经营决策的核心分析变量。因此，农产品生产者的经营决策过程就变成了产品特性与有限理性的平衡，经营决策机制是产品特性关联交易费用影响农户线上销售判断，而关于线上销售的意愿情况也就

代表了在农产品电子商务平台上的"互联网+农业"的融合程度。

最后，产品特性与平台模式适配，平台模式与其双边用户规模关联，而平台双边用户规模区分注册用户和实际用户。由此，产品特性通过与平台模式的匹配在融合程度和融合效果间动态关联，这是一个动态匹配的过程：当产品特性与平台模式的匹配程度较高时，该平台模式对双边潜在用户的吸引力更强，其融合程度相应更高，会正向强化注册用户选择实际使用该平台的尝试，形成更好的融合效果；当产品特性与平台模式的匹配程度不高时，该平台模式对双边潜在用户的吸引力较弱，其融合程度相应较低，会反向削弱注册用户选择实际使用该平台的尝试，融合效果不佳。换言之，农产品电子商务平台的作用机制就是融合程度于融合效果的直接影响，技术效应与融合程度和融合效果的间接影响渠道效应的综合作用。

综上所述，本书的理论框架可用图3-15说明。

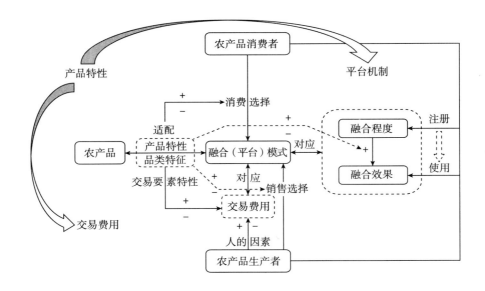

图3-15 理论框架：产品特性—交易费用—平台机制

本书的研究假说框架如图 3 – 16 所示。

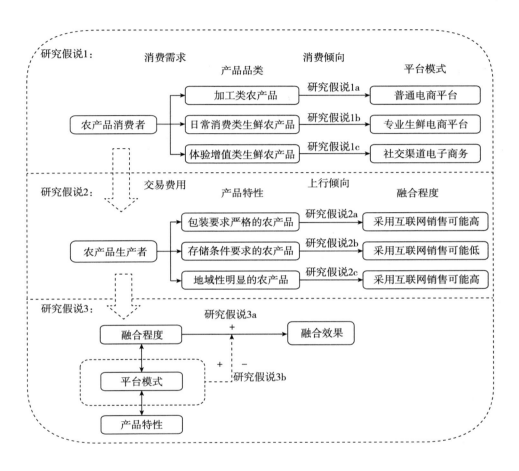

图 3 – 16 本书的研究假说框架

第4章 实证检验Ⅰ：基于消费者 视角的农产品品类与 "互联网＋农业"融合模式

由理论分析可知，农产品电子商务特别是生鲜农产品电子商务的市场发育尚不成熟，主导市场的是消费者，消费者需求偏好即市场需求偏好在很大程度上塑造了农产品电子商务市场发展的内在演进逻辑，是农产品电子商务市场发育的主要决定因素。市场需求将成为融合模式形成的主导因素，而农产品品类差异则是导致消费者模式选择不同的关键原因。因此，本章将基于消费者的市场需求研究视角，构建二元 Logistic 模型验证前文提出的研究假说1。

4.1 基于需求视角的农产品"互联网＋"现状描述

4.1.1 数据来源说明

（1）数据来源。

问卷设计是影响调研数据质量的关键所在。在对文献梳理的基础之上，对农产品销售等文献进行深入阅读和分析，并结合笔者前期访谈所获的经验，基于研究目的，初步设计研究所需问卷，并请相关领域专家进行论证修改，最终形成"'互联网＋农业'：生鲜农产品电子商务消费者调查问卷"。问卷通过"问卷星"进行线上发放。由于网上购物行为多发生于那些了解互联网的群体中，调研对象对互联网的熟悉程度将影响本书的研究质量。因此，相比传统线下调研方式，采用"问卷星"开展调研，可保障调研对象基本为对互联网较为熟悉的群体，进一步保障本书的研究质量。

针对有网上购买农产品行为和无网上购买农产品行为的两大类群体，《"互联网＋农业"：生鲜农产品电子商务消费者调查问卷》的设计包含三个部分：第一部分为消费者基本信息，第二部分为在线购买农产品情况，第三部分为未在线购买农产品情况。问卷于2020年1～3月通过"问卷星"网站及微信等形式随机向外发送。自发放到回收，共计收到问卷819份，其中1月回收问卷160份，占比19.54%；2月回收问卷235份，占比28.69%；3月回收问卷424份，占比51.77%。通过核对与查验，此次共筛选出有效问卷819份，回收问卷有效率为100%。调研发现，曾有过在线购买农产品行为的样本量为629份，占比76.80%；未曾有过在线购买农产品行为的样本量为190份，占比23.20%。在"人际信任"这一变量的反映上，有亲友是网上销售者的样本量为257份，占比31.38%。

（2）样本概况。

据调研所获取的数据，对受访者的统计分析结果如表4－1所示。从受访者性别来看，女性受访者样本为548人，占比66.91%；男性样本271人，占比33.09%。从受访者年龄来看，受访者年龄主要集中于22～50岁，这一年龄段的受访者共759人，占比92.68%。同时数据显示，受访者多集中于城镇，共计712人，占比86.94%；受教育程度方面，本科及以上学历的受访者为519人，占比最大，为63.37%；收入方面，统计数据显示收入超8000元的受

农产品特性对"互联网＋"的影响机理：平台经济视角下的农产品电子商务

表4-1　被访者个体特征描述性统计分析　　　　单位：人,%

内容	类别	数量（总量819）	占比
性别	男	271	33.09
	女	548	66.91
年龄	22岁以下	15	1.83
	22~30岁	286	34.92
	31~40岁	158	19.29
	41~50岁	315	38.46
	51岁以上	45	5.49
常住地	城镇	712	86.94
	乡村	107	13.06
受教育程度	小学及以下	11	1.34
	初中	96	11.72
	高中（中专、职高）	115	14.04
	大专	78	9.52
	本科	378	46.15
	研究生及以上	141	17.22
收入水平	2000元以下	63	7.69
	2000~4000元	126	15.38
	4001~6000元	185	22.59
	6001~8000元	120	14.65
	8000元以上	325	39.68
职业	学生	38	4.64
	公务员或国有企事业单位员工	222	27.11
	民营企业员工	228	27.84
	农民	36	4.40
	教师	76	9.28
	医护人员	10	1.22
	自由职业者	144	17.58

资料来源：根据调查数据整理所得。

访者为325人，占比39.68%；职业方面，公务员或国有企事业单位员工、民

· 94 ·

营企业员工样本量为 450 人，占比为 54.95%。

4.1.2 农产品的市场需求现状

（1）网购商品日益成为主要的消费模式。

如表 4-2 所示，在调研的 819 份样本中，平均每天都有购买行为的消费者样本量为 36 份，占比 4.40%；平均每周有 1 次或多次购买行为的消费者样本量为 311 份，占比为 37.97%；平均每月有 1 次或多次购买行为的消费者样本量为 312 份，占比为 38.10%。可见，网上购物已经成为多数消费者的选择，且发生的频次相对较高。

表 4-2　消费者在线购买商品的频次统计　　　　单位：份,%

类别	样本数量	占比
平均半年 1 次或更少	50	6.11
平均每半年 3~5 次	110	13.43
平均每月 1 次或更多	312	38.10
平均每周 1 次或更多	311	37.97
每天都买	36	4.40
合计	819	100.00

资料来源：根据调查数据整理所得。

（2）农产品网购频次低于一般商品。

如表 4-3 所示，有过农产品在线购买行为的消费者样本数量为 629 份，占比 76.80%。其中，平均每天购买一次农产品的消费者样本数量为 13 份，占比 2.07%；平均每周 1 次或更多次购买行为的样本量为 105 份，占比16.69%；平均每月 1 次或更多次购买行为的样本量为 249 份，占比 39.59%。对比在线购买商品（网购）行为，消费者对农产品购买的频次低于对整体商品的购买频次，消费者平均每周 1 次或更多次在线购买商品的样本占比为 37.97％。由此可以说明，当前消费者对农产品的线上购买的普及率不及一般商品。

表 4 － 3　消费者在线购买农产品的频次分析　　　　单位：份，％

类别	样本数量	占比
平均半年 1 次或更少	88	13.99
平均每半年 3～5 次	174	27.66
平均每月 1 次或更多	249	39.59
平均每周 1 次或更多	105	16.69
每天都买	13	2.07
合计	629	100.00

资料来源：调研数据整理所得。

（3）农产品在线购买意愿存在明显的品类差异特征。

依据农产品类别，本书将农产品分为"肉禽蛋类""新鲜水果""时令蔬菜""水产类""粮油米面""茶叶干果"。据对农产品在线购买的调研数据显示，有网上购买农产品的消费者样本量为 629 份，无购买行为的样本量为 190 份。进一步地，在购买过农产品的样本中，购买新鲜水果的消费者在被调研样本中的数量为 550 份，占比 87.44％；购买粮油米面的消费者样本数量为 393 份，占比 62.48％；购买茶叶干果的消费者样本总量为 372 份，占比 59.14％。无购买行为的消费者中，认为粮油米面和茶叶干果更适合在网上销售的比例最高，均接近 70％左右。从表 4 － 4 的数据来看，消费者在购买农产品时具有较为明显的产品类别偏好。

表4－4 消费者在线购买农产品品类意愿情况　　　单位：份，%

类别	有购买行为（629） （购买过的农产品品类）		无购买行为（190） （适合网上销售的农产品品类）	
	样本量	占比	样本量	占比
肉禽蛋类	302	48.01	11	5.79
新鲜水果	550	87.44	62	32.63
时令蔬菜	287	45.63	21	11.05
水产类	204	32.43	11	5.79
粮油米面	393	62.48	128	67.37
茶叶干果	372	59.14	149	78.42

资料来源：根据调研数据整理所得。

（4）便捷性和价格优势是在线购买农产品的主要原因。

从表4－5中数据可知，便捷性和价格优势是消费者愿意进行网上购买农产品的主要原因。被调研消费者中，有315位受访者认为线上可选择的品种和品牌更加多样，占线上购买农产品的消费者样本总量的50.08%；同时，314位受访者认为在线购买农产品更加便宜，占比49.92%。

表4－5 消费者愿意在线购买农产品的原因　　　单位：人，%

选项	样本量（样本总量629）	占比
该类农产品在我所在地区线下难以买到	147	23.37
该类农产品在线上购买更便宜	314	49.92
该类农产品在线上购买品质更优或者不影响品质	288	45.79
该类农产品在线上可选择的品种和品牌更多	315	50.08
其他	61	9.70
合计	629	100

资料来源：根据调查数据整理所得。

从表4-6中数据可知，购买场所偏好以及产品质量是消费者不愿意在线上购买农产品的主要原因。在没有线上购买农产品的样本中，有141位受访者指出其更习惯于在现场挑选农产品，占比74.21%；有92位受访者担心网络购买农产品的质量得不到保障，占比48.42%。

表4-6　消费者不愿在线购买农产品的原因　　　　　单位：人，%

选项	样本量（样本总量190）	占比
习惯了现场挑选农产品	141	74.21
担心网络购买农产品价格更高	6	3.16
担心网络购买农产品的质量得不到保障	92	48.42
担心网络购买农产品缺斤少两	13	6.84
网络购买农产品发售后服务得不到保障	47	24.74
其他	26	13.68

资料来源：根据调查数据整理所得。

从表4-7的数据可知，对于没有过线上购买农产品行为的消费者而言，农产品品质保障、包装和物流保障是其愿意尝试线上购买的重要因素。有130位受访者对农产品品质保证表现出关注，占据没有线上购买农产品的消费者样本的68.42%；有90位受访者对农产品的包装与物流表现出关注，占据没有线上购买农产品的消费者样本的47.37%。结合表4-5、表4-6和表4-7的数据可知，消费者对线上购买农产品表现出不同的消费偏好。

表4-7　消费者愿意尝试网上购买农产品的原因　　　　　单位：份，%

类别	样本量（样本总量190）	占比
网上销售的农产品足够便宜	70	36.84
网上销售的农产品品质有保证	130	68.42

续表

类别	样本量（样本总量190）	占比
网上销售的农产品售后服务有保证	80	42.11
网上销售的农产品的包装和物流有保证	90	47.37
其他	21	11.05

资料来源：根据调查数据整理所得。

4.1.3 农产品"互联网＋农业"融合模式的现状描述

（1）农产品线上购物平台呈多元化发展趋势。

如表4－8所示，在有线上购买行为的629份样本中，有518份样本选择淘宝、京东等普通电商平台购买农产品，占据样本总量的82.35%；选择微商、微博、朋友圈等社交电商渠道购买农产品的样本数量为303份，占据样本总量的48.17%；而选择"沱沱工社""本来生活""天天果园"等专业生鲜电商平台的消费者样本数量为203份，占比32.27%。而这一统计结果与当前电商发展现状相符：淘宝、京东等全品类电商平台占据市场主流；社交电商渠道蓬勃发展，逐步成为消费者青睐的线上购物渠道之一；专业性电商平台为消费者提供细分领域的线上购物服务。

表4－8 消费者在线购买农产品的购物平台选择　　　　单位：份,%

类别	样本量（样本总量629）	占比
普通电商平台（淘宝、京东等）	518	82.35
专业生鲜电商平台（"沱沱工社""本来生活""天天果园"等）	203	32.27
社交电商渠道（微商、微博、朋友圈和购物群等）	303	48.17
其他	39	6.20

资料来源：根据调查数据整理所得。

（2）消费者选择线上农产品购买平台的关注因素。

结合调研情况与表4－9的数据来看，消费者对线上平台的购物便捷性、线上平台农产品的价格、线上平台农产品品类的齐全程度、线上平台的物流评价等表现出较强的关注度。在有线上购买农产品行为的 629 份样本中，有 412 份对平台购物便捷性表现出关注，有 338 份对农产品价格表现出关注，256 份对平台农产品品类的齐全程度表示关注，173 份对物流表示关注，分别占该类样本总量的 65.5%、53.74%、40.70% 和 27.50%。

表 4 - 9　消费者线上农产品购买平台的关注因素　　　　单位：份,%

类别	样本量（样本总数 629）	占比
该线上平台的农产品价格相对便宜	338	53.74
该线上平台的农产品品质优于大部分线下商店	151	24.01
该线上平台的农产品品类齐全	256	40.70
该线上平台信誉较好	157	24.96
该线上平台经常打折	154	24.48
该线上平台售后服务较好	94	4.94
该线上平台购物简单方便	412	65.50
该线上平台物流较好	173	27.50
其他	32	5.09

资料来源：根据调查数据整理所得。

4.2　实证分析：农产品品类与"互联网+"模式

4.2.1　变量与指标说明

由前文理论模型可知，本节实证分析涉及的变量包括：因变量为"互联网+"模式，即消费者网上采购农产品的模式选择，自变量为农产品品类。

考虑到消费者通过何种模式进行农产品网上采购，还将受到其他因素的影响，分析中将控制重大公共事件、受访者个体特征、地区差异、网购习惯等情况。具体测量指标及赋值说明如表4－10所示。

表4－10　变量及赋值说明

变量		指标	具体测量
因变量	"互联网＋"模式	是否通过普通电商平台采购农产品	1 = 是；0 = 否
		是否通过专业生鲜电商平台采购农产品	1 = 是；0 = 否
		是否通过社交电商渠道采购农产品	1 = 是；0 = 否
自变量	产品品类	是否网上采购肉禽蛋类农产品	1 = 是；0 = 否
		是否网上采购新鲜水果	1 = 是；0 = 否
		是否网上采购时令蔬菜	1 = 是；0 = 否
		是否网上采购水产类农产品	1 = 是；0 = 否
		是否网上采购粮油米面	1 = 是；0 = 否
		是否网上采购茶叶干果	1 = 是；0 = 否
控制变量	性别	受访者性别	1 = 男性；2 = 女性
	受教育程度	受访者受教育程度	1 = 小学及以下；2 = 初中；3 = 高中；4 = 大专；5 = 本科；6 = 研究生及以上
	年龄	受访者年龄	1 = 22 岁以下；2 = 22 ～ 30 岁；3 = 31 ～ 40 岁；4 = 41 ～ 50 岁；5 = 51 岁以上
	收入水平	受访者月收入水平	1 = 2000 元以下；2 = 2000 ～ 4000 元；3 = 4001 ～ 6000 元；4 = 6001 ～ 8000 元；5 = 8000 元以上；
	重大公共事件	是否公共卫生事件初期	1 = 是；0 = 否
	地区	乡村差异	1 = 城镇；2 = 乡村
	亲朋好友为网上销售者	是否有亲朋好友为网上销售者	1 = 是；0 = 否
	网购习惯	网购频率	1 = 平均半年 1 次或更少；2 = 平均每半年 3 ～ 5 次；3 = 平均每月 1 次或更多；4 = 平均每周 1 次或更多；5 = 每天都买

第一，因变量。本节的因变量为消费者网上采购农产品的模式选择，包括普通电商平台、专业生鲜电商平台和社交电商渠道三种模式。实证分析中，考虑到同一消费者采购不同农产品可能会选择不同的模式，故将三种模式视为三种决策选择，并分别构建三个模型分析消费者是否通过普通电商平台采购农产品、是否通过专业生鲜电商平台采购农产品、是否通过社交电商渠道采购农产品的影响因素。

第二，自变量。本节的自变量为农产品品类，具体分为肉禽蛋类、新鲜水果、时令蔬菜、水产类、粮油米面和茶叶干果六类。

第三，控制变量。首先，因年初发生了疫情，长期的居家隔离将对消费者的互联网采购习惯产生影响，故加入"是否公共卫生事件初期"作为控制变量；其次，考虑到消费者的个体特征是影响其消费决策的主要因素，本节的实证分析中将加入代表消费者特征的性别、年龄、受教育程度、收入水平四个控制变量；再次，考虑到城乡消费习惯差异，本节的实证分析将加入地区虚拟变量作为控制变量；最后，考虑到"人际信任"这一变量，本节的实证分析也将加入网购频率和是否有亲朋好友为网上农产品销售者两个控制变量。

4.2.2 方法选择

本节将构建三个计量模型，分别为农产品品类对消费者是否选择普通电商平台、是否选择专业生鲜电商平台、是否选择社交电子商务渠道进行农产品采购产生影响。考虑到三个模型的因变量都是二元离散数据类型，故计量模型将选择数据类型相符的二元 Logistic 模型。

（1）模型及检验机理。

$$Y = \omega_0 + \omega_1 x_1 + \omega_2 x_2 + \omega_3 x_3 + \omega_4 x_4 + \cdots + \omega_n x_n = \omega^T x \qquad (4-1)$$

其中，X_i（$i = 1, 2, 3 \cdots, n$）为影响"互联网+"程度的因素，ω_0 表示

常数项，ω_i（$i = 1$，2，3…，n）为第 i 个影响因素的回归系数，若 ω_i 为正，表示第 i 个影响因素对"互联网 +"程度影响为正；若 ω_i 为负，表示第 i 个影响因素对"互联网 +"程度影响为负。Y 表示"互联网 +"程度，指标为生产者是否在线销售该产品，取值 1 或 0。为能解决因变量的二项分布问题，引入 Sigmoid 函数，具体如下：

$$P(\omega^T x) = \frac{1}{1 + e^{-\omega^T x}} \qquad (4-2)$$

当因变量输入为 0 时，Sigmoid 函数结果为 0.5；随着输入值 x 增大，Sigmoid 函数接近于 1，随着输入 x 值的减少，Sigmoid 函数其值接近于 0。通过对上述拟合得到的函数 g（x）代入 Sigmoid 函数中，假如 g（x）输出值大于 0，Sigmoid 函数结果大于 0.5，假如 g（x）小于 0，Sigmoid 函数小于 0.5。对式（4-1）和式（4-2）进行变换，可以得到二元 Logistic 模型的概率函数表达式（4-3）：

$$Y = \ln\left(\frac{P}{1-P}\right) = \omega_0 + \omega_1 x_1 + \omega_2 x_2 + \omega_3 x_3 + \cdots + \omega_n x_n + \varepsilon \qquad (4-3)$$

其中，ε 为扰动项。根据式（4-3）进一步变换可求得概率 P 的计算公式（4-4）：

$$P\left(Y = \frac{1}{x_i}\right) = \frac{\exp(\omega_0 + \omega_1 x_1 + \omega_2 x_2 + \omega_3 x_3 + \cdots + \omega_n x_n)}{\exp(\omega_0 + \omega_1 x_1 + \omega_2 x_2 + \omega_3 x_3 + \cdots + \omega_n x_n) + 1} \qquad (4-4)$$

关于二元 Logistic 模型，当前该模型常用的检验统计量有沃尔德统计量（Wald）、Cox&Snell R Square、−2 对数似然值（−2LL）和 Nagelkerke R^2 检验。本书使用 Cox&Snell R Square、−2 对数似然值（−2LL）和 Nagelkerke R^2 这三个检验来对二元 Logistic 模型进行分析。

Cox&Snell R Square 检验的 R^2 在似然值基础上模仿线性回归模型的 R^2，一般小于 1，其计算公式为：

$$R_{CS}^2 = 1 - \left(\frac{\iota(0)}{\iota(\beta)}\right)^2 \tag{4-5}$$

其中，$\iota(0)$ 表示初始模型的似然值，$\iota(\beta)$ 表示当前模型的似然值，R^2 表示模型变量对因变量的解释能力，R^2 值越接近于 1，解释能力越好。

Nagelkerke R^2 检验是对 Cox&Snell R Square 检验做进一步调整，使得取值范围为 0～1，Nagelkerke R^2 检验把 Cox&Snell R Square 检验除以它的最大值，其计算公式为：

$$R_N^2 = \frac{R_{CS}^2}{MAX(R_{CS}^2)} \tag{4-6}$$

其中，$MAX(R_{CS}^2) = 1 - [\iota(0)]^2$。一般情况下，Nagelkerke R^2 检验大于 0.3 即可说明模型效果良好。

-2 对数似然值检验用于观察模型的整体拟合效果，其似然取值范围为 $[0，1]$，似然对数值的计算公式为：

$$\ln L = \sum_{i=1}^{n}[Y_i \ln P_i + (1 - Y_i)\ln(1 - P_i)] \tag{4-7}$$

-2 对数似然值在理论上服从卡方分布，若能大于卡方临界值，则 -2 对数似然值检验通过，模型整体拟合效果良好。

（2）计量模型。

$$Ln\left(\frac{p_1}{1 - p_1}\right) = \alpha_1 + \sum_{k=1}^{K}\beta_{1k}x_k + e \tag{4-8}$$

$$Ln\left(\frac{p_2}{1 - p_2}\right) = \alpha_1 + \sum_{k=1}^{K}\beta_{1k}x_k + e \tag{4-9}$$

$$Ln\left(\frac{p_3}{1 - p_3}\right) = \alpha_1 + \sum_{k=1}^{K}\beta_{1k}x_k + e \tag{4-10}$$

其中，P_1 为通过普通电商平台采购农产品的概率；P_2 为通过专业生鲜电商平台采购农产品的概率；P_3 为通过社交电商渠道采购农产品的概率；x 为自变量和控制变量；e 为随机误差；α 为常数项；β 为回归系数。

4.2.3　实证分析

（1）农产品品类对普通电商平台选择的影响。

由表 4 - 11 的实证结果可知，模型具有一定的解释力。尽管"- 2 对数似然值""Cox & Snell R²"和"Nagelkerke R²"结果值说明模型拟合度一般，但Hosmer - lemeshow 检验结果说明不能拒绝拟合模型与真实模型无偏的原假设。

表 4 - 11　农产品品类对普通电商平台选择的影响

变量	系数	标准误差	显著性	EXP（B）
重大公共事件	- 0.234	0.278	0.400	0.791
性别	- 0.120	0.243	0.622	0.887
年龄	- 0.078	0.151	0.606	0.925
地区	0.223	0.402	0.578	1.250
受教育程度	0.000	0.127	0.998	1.000
收入水平	- 0.143	0.105	0.173	0.867
亲朋好友为网上销售者	- 0.123	0.225	0.584	0.884
肉禽蛋类	0.441	0.286	0.123	1.554
新鲜水果	0.359	0.312	0.251	1.431
时令蔬菜	- 0.255	0.283	0.369	0.775
水产类	0.084	0.275	0.761	1.087
粮油米面	0.672 ***	0.231	0.004	1.959
茶叶干果	0.699 ***	0.226	0.002	2.012
网购频率	- 0.054	0.134	0.686	0.947
常量	1.414	1.207	0.241	4.114
- 2 对数似然值	553.108			
Cox & Snell R²	0.051			
Nagelkerke R²	0.085			
Hosmer - lemeshow	Sig. = 0.384			

注：＊、＊＊、＊＊＊分别表示 10%、5%、1% 的显著性水平。

资料来源：SPSS20.0 结果。

由表 4-11 的变量显著性检验结果可知，重大公共事件、个体特征、信任倾向、农产品品类等对普通电商平台的选择呈现出不同的影响。具体而言：重大公共事件（新冠疫情初期）未能通过显著性统计。这可能基于三个原因：第一，如梁文卓等（2012）指出，我国网上零售产业，特别是网购农产品处于发展初级阶段，管理规范性不强，消费潜在风险高。第二，农产品本身具备的鲜活性、易腐性等特点使其消费具有一定的时效性。消费者在购买农产品时倾向于通过直接观察判断其品质。网购农产品无法通过直接观察及触摸判断其品质，消费风险仍然较大。因此，即使是在疫情初期，消费者网购农产品的概率仍然不高。第三，我国疫情因防控得当被控制得相对较短，且后期通过居家隔离、外出戴口罩等各类方式降低传染率，农产品市场有序开放，相对于在农产品市场或生鲜超市直接购买，网购农产品未能成为主要的消费方式。在个体特征方面，性别、年龄、常住地区、收入水平、受教育程度等均未能通过显著性统计。这可能来自于两方面原因：一方面，问卷设计中将淘宝、京东等划入普通电商平台，从我国电子商务平台发展来看，淘宝与京东的市场知名度当前最高，同时也是我国存续时间最久的电商平台之列，消费者的认知程度非常高，为此个体特征的作用并不显著；另一方面，个体特征并不直接作用于电商平台，而是通过中间变量对农产品电商平台的选择产生作用，这一点在尹丽娟等（2018）的研究中有所体现。消费者的个体特征通过影响物流服务感知来影响电商交易平台的选择。在人际信任方面，人际信任对消费者是否选择在普通电商平台购买农产品的影响也并不显著。是否有亲友为网上销售者以及网购频次均未能通过显著性检验。这可能也与普通电商平台表现出较高的知名度，显示出较强的信用背书有关。就农产品品类对普通电商平台选择的影响而言，粮油米面、茶叶干果在 1% 的显著性水平下通过检验，表明这两类农产品对普通电商平台的选择具有显著正向影响。相比水产品、肉禽蛋类、新鲜水果、时令蔬菜这四类农产品而言，粮油米面与茶叶干果表现出更强的存储性以及易运

输性，同时也属于加工型农产品，消费者对这类农产品的新鲜度要求较其他类别的农产品低，为此，消费者更倾向于在普通电商平台购买这类产品。

（2）农产品品类对专业生鲜电商平台选择的影响。

由表4－12的实证结果可知，模型具有一定的解释力。一方面，"－2对数似然值""Cox & Snell R^2"和"Nagelkerke R^2"结果值说明模型具有一定的拟合度；另一方面，Hosmer－lemeshow检验结果说明不能拒绝拟合模型与真实模型无偏的原假设。

表4－12 农产品品类对专业生鲜电商平台选择的影响

变量	系数	标准误差	显著性	EXP（B）
重大公共事件	0.095	0.239	0.692	1.099
性别	－0.084	0.208	0.687	0.919
年龄	－0.289**	0.131	0.027	0.749
地区	－0.120	0.363	0.742	0.887
受教育程度	－0.014	0.114	0.903	0.986
收入水平	0.172**	0.087	0.049	1.188
亲朋好友为网上销售者	0.042	0.193	0.829	1.043
肉禽蛋类	0.229	0.245	0.348	1.258
新鲜水果	1.454***	0.450	0.001	4.280
时令蔬菜	0.527**	0.244	0.031	1.693
水产类	0.206	0.222	0.352	1.229
粮油米面	0.063	0.217	0.772	1.065
茶叶干果	－0.190	0.203	0.351	0.827
网购频率	0.381***	0.120	0.001	1.464
常量	－3.050***	1.088	0.005	0.047
－2对数似然值	686.617			
Cox & Snell R^2	0.153			
Nagelkerke R^2	0.214			
Hosmer－lemeshow	Sig.＝0.695			

注：*、**、*** 分别表示10%、5%、1%的显著性水平。

资料来源：SPSS20.0结果。

对比表 4–11 的实证结果，表 4–12 的结果显示农产品品类对专业电商平台的选择有较大影响，并显示出与普通电商平台不一样的结果。表 4–12 的结果显示，消费者的个体特征、信任倾向以及农产品品类对专业电商的选择均有影响。而重大公共事件则不产生影响。

第一，在消费者特征方面。消费者的年龄和消费者的收入水平均在 5% 的显著性水平下通过统计检验，该结果表明消费者的年龄越大，其选择专业电商平台的可能性就越低；消费者收入水平越高，其选择专业性平台的可能性就越高。原因可能是专业生鲜电商平台销售的农产品资产专用性更强，消费者所具备的信息收集与分析能力更强，而年轻的消费者能显示出更高的网络信息甄别能力。同时，专用性更强的农产品其市场售价会更高，为此，对收入的要求会更高。地区因素未能通过显著性检验，可能是由于农村地区的消费者对生鲜农产品的需求可自行解决，该题项无法针对农村地区的消费者获取合适的信息，因此未能通过检验。

第二，在人际信任方面。"是否有亲友为网上销售者"未能通过显著性检验，而购买频次在 1% 的显著性水平下通过统计检验。原因在于，现有情况下专业电商平台多采用自营模式，这种情形下变量"是否有亲友为网上农产品销售者"可能并不显著。而随着网络购买次数的增加，消费者对平台的信任程度以及用户黏性均会有所增长，为此，网络购买频次的增加会促使消费者对专业生鲜平台的选择。

第三，在农产品品类方面。与其他类别的农产品相比，新鲜水果与时令蔬菜对专业生鲜电商平台的选择具有显著正向影响。原因在于，消费者对新鲜水果与时令蔬菜在保鲜、运输速度等方面有着更高的要求，同时这类农产品表现出更强的资产专用性（魏平，2019）。而专业生鲜平台在这类产品的保鲜、运输等方面具有更专业的处理能力，也能提供更为丰富的农产品种类，满足消费者"一站式"购物需求。为此，消费者更倾向于在这类平台购买新鲜水果与时令蔬菜等农产品。

（3）农产品品类对社交电商渠道选择的影响。

由表4－13的实证结果可知，模型具有一定的解释力。一方面，"－2对数似然值""Cox & Snell R²"和"Nagelkerke R²"结果值说明模型具有一定的拟合度；另一方面，Hosmer－lemeshow检验结果说明不能拒绝拟合模型与真实模型无偏的原假设。

表4－13　农产品品类对社交电商平台选择的影响

变量	系数	标准误差	显著性	EXP（B）
重大公共事件	－0.344	0.217	0.112	0.709
性别	0.658***	0.190	0.001	1.931
年龄	0.259**	0.119	0.029	1.296
地区	－0.512*	0.309	0.098	0.599
受教育程度	0.258**	0.103	0.012	1.294
收入水平	－0.005	0.078	0.953	0.995
亲朋好友为网上销售者	0.605***	0.176	0.001	1.831
肉禽蛋类	0.041	0.222	0.853	1.042
新鲜水果	0.789***	0.279	0.005	2.201
时令蔬菜	－0.434*	0.229	0.058	0.648
水产类	0.325	0.208	0.119	1.384
粮油米面	0.016	0.189	0.932	1.016
茶叶干果	0.179	0.179	0.317	1.196
网购频率	0.018	0.105	0.864	1.018
常量	－3.434***	0.954	0.000	0.032
－2对数似然值	810.546			
Cox & Snell R²	0.092			
Nagelkerke R²	0.123			
Hosmer－lemeshow	Sig.＝0.546			

注：＊、＊＊、＊＊＊分别表示10%、5%、1%的显著性水平。

资料来源：SPSS20.0结果。

第一，在个体特征方面。受访者性别、年龄、常住地区和受教育程度等分别在1%、5%、10%和5%的显著性水平下通过显著性检验，而收入水平则未能通过显著性水平检验。原因在于，相比于年轻人而言，年长者对于亲友关系更为看重，为此，年纪越大的消费者更倾向于在社交电商平台购买农产品；在性别方面，女性比男性的感情更加细腻、更加感性，更加容易建立社交网络。为此，女性更倾向于在社交电商平台购买农产品；在常住地区方面，相比城市消费者，乡村消费者在社交电商平台购买农产品的可能性更低，原因在于乡村消费者可以自己提供一部分农产品，采购农产品的可能性更低；在受教育程度方面，受教育程度越高，因为求学而建立的社交网络范围相对来说会越广，接触的购买渠道会更多，基于其求学而积累的信息识别与处理能力会更强，更容易辨出在哪种平台可以采购到所需的农产品，为此，其在社交电商平台采购农产品的可能性越高。

第二，在人际信任方面。变量亲友为网上消费者在1%的显著性水平下通过检验，而网购频次未能通过显著性检验。原因在于，社交电商是基于社交网络而发生的网上交易，中国作为一个家文化以及熟人文化主导的社会，出于社交信任，消费者倾向于向亲友购买农产品，为此亲友为网上销售者时，消费者更倾向于选择社交电商购买农产品。而网购频次则未能通过显著性统计检验。

第三，在农产品品类方面。新鲜水果和时令蔬菜对社交电商的选择具有显著影响，分别在1%和10%的显著性水平下通过检验，而粮油米面、茶叶干果、水产品、肉禽蛋类等则未能通过检验。具体而言，新鲜水果对社交电商平台的选择具有显著正向影响，新鲜蔬菜对社交电商平台的选择具有显著反向影响。原因在于，时令蔬菜的耐储性更弱、易腐蚀性更强，对保鲜和运输的要求更高，显然这类产品的消费半径更小，所需要的运输保鲜费用更高，这是一般社交电商难以实现的。为此，时令蔬菜对社交电商平台的选择有反向作用。而相比时令蔬菜而言，水果的耐储性相对更强、更易于保存和运输，为此，消费半径更广，运输保鲜费用相对较低。同时，时令蔬菜属于日常刚需性产品，社交电商平台受到自身限制，提供产品品类优先，无法满足消费者多品类的一站式购物需求。为此，新鲜水果对社交电商平台的选择具有正向影响作用。

4.2.4　理论假说检验

（1）假说检验结果。

前文三次实证分析结果显示，农产品品类对电商平台的选择具有显著影响。具体而言，消费者倾向于在普通电商平台购买粮油米面、茶叶干货等类别的农产品；倾向于在专业生鲜电商平台购买新鲜水果与时令蔬菜；倾向于在社交电商购买新鲜水果，而相比其他电商平台而言，消费者选择社交电商平台的可能性较低。同时，个体特征对消费者农产品电商购买平台的选择也具有显著影响。其中，个体特征对普通电商平台的选择无影响；而年龄特征对专业生鲜电商平台的选择具有反向作用；性别、年龄、受教育程度等对社交电商平台的选择具有显著正向影响，而地区对社交电商平台的选择具有负向作用。因此，本书所提出的研究假说1得到验证，如表4－14所示。

表4－14　假说1检验结果

	假说内容	检验结果
假说1a	相对于其他农产品，消费者更倾向于通过普通电子商务平台购买加工类农产品	通过
假说1b	相对于其他农产品，消费者更倾向于通过专业生鲜农产品电子商务平台购买日常消费类生鲜农产品	通过
假说1c	相对于其他农产品，消费者更倾向于通过社交电子商务渠道购买体验增值类生鲜农产品	通过

（2）进一步解释。

基于我国当前电商平台的发展现状来看，对比三类电商平台可以发现：普通电商平台多以"入驻商户＋平台自营"模式为主，普通电商平台可以提供全品类的农产品选择以及相应的配送服务，如粮油米面、茶叶干果、蔬菜水果等，但针对平台入驻的单个个体而言，其无法提供全品类产品。同时，这类电商平台具有的信用背书能力更强；而生鲜电商平台可以提供全品类的生鲜产品，如蔬菜、水果、肉类、水产等，这类产品多为消费者日常所需的必需品，平台有着专业的储存和运输优势，同时为服务消费者，其仓库或门店布点方面更具规模优势。为此，平台服务能力得到认可，对消费者的信用程度较高；社交电商平台大多提供单一品类的产品，如水果、干果等，但平台信用背书能力弱，多取决于销售者个人的信用背书。

农产品具有生产特性、物理特性和消费特性（魏平，2019）。从生产方面来看，农产品呈现出地域性和季节性等特点；从物理特性来看，农产品具有易腐蚀性、消耗性和时令性（魏平，2019）；从消费特征来看，消费者对农产品呈现出一定的消费偏好，比如新鲜度、品质、安全性等。本书将农产品分为粮油米面、茶叶干果、新鲜水果、时令蔬菜、肉禽蛋类以及水产类六类。这六类农产品的生产均具有地域性特征，电商平台在一定程度上解决了农产品地域性生产对农产品消费的影响。从物理特性来看，粮油米面、茶叶干果更耐储、而其他四类易腐蚀性更强。从消费特性来看，消费者对这六类农产品的消费呈现出不同的偏好，具体而言对肉禽蛋类、水产类的新鲜度、安全性、色泽感等要求最高，对新鲜水果与时令蔬菜的新鲜度等要求次之，对粮油米面、茶叶干果等的新鲜度要求最低。

结合电商平台的现实特点、农产品特点以及消费者偏好。在消费理性下，消费者会结合消费需求、消费偏好，从恰当的电商平台购买自己所需的农产品。具体而言，肉禽蛋类、水产类在日常生活中是消费者消费频次较高的产品，同时，对于这类农产品消费者表现出很高的安全需求以及新鲜度需求，为了搜寻到适合的农产品，消费者承担的机会成本最大，为此，消费者在购买这类农产品时多倾向于现场购买，这也与本书的调研情况相符，在无购买行为的190 份样本中，不足 6% 的人愿意在网上购买这类产品。新鲜水果与时令蔬菜属日常消费频次较高的农产品，也属易腐蚀性产品，在消费偏好方面，消费者对新鲜度以及完全性的要求相对较高，相比普通电商平台、社交平台而言，专业生鲜平台在仓库布点方面有着其他两类无法提供的优势，同时，可以提供专业的储存以及便捷运输等服务。为此，当消费者购买对新鲜度、安全性需求较高的农产品，消费者会选择专业生鲜平台或社交电商平台。具体而言，消费者对时令蔬菜的需求品类更多，社交电商平台无法满足其需求，为此，消费者会选择专业生鲜平台购买时令蔬菜。而对粮油米面、茶叶干果等购买频次较低，新鲜度要求不高的农产品，消费者更倾向于在具有更多产品提供者以及更强信用背书的普通电商平台购买。

4.3　本章小结

本章主要从消费者角度探究农产品品类对农产品"互联网＋"模式，通过构建三个模型来实证分析农产品品类对"互联网＋"模式的影响。一方面，本章对问卷调研数据进行统计分析，发现消费者在农产品购买频次、农产品品类选择、农产品电商平台选择等存在一定的差异。另一方面，通过实证分析发现，消费者的个体特征、信任倾向以及农产品品类均对农产品电商平台的选择具有一定影响。结合前文的研究假说以及本章的实证研究结果发现，农产品品类会影响到农产品"互联网＋"模式。基于上述研究，本章可以得到以下结论：

第一，在个体特征方面。消费者个体特征对专业生鲜平台和社交电商平台的选择显示出显著影响，但对普通电商平台的选择无显著影响。在专业生鲜平台方面，其农产品售价相对较高，而年轻人相对来说具备较高的支付能力。在个体特征方面，收入对专业电商平台呈现出正向影响，而年纪为负向影响。在社交电商方面，由于社交电商是基于圈子文化而产生的，女性、年长者以及受教育程度对扩大消费者社交圈均具有影响，会对社交电商的选择具有显著正向影响。在普通电商平台方面，淘宝与京东的市场知名度当前最高，同时，也是我国存续时间最久的电商平台之列，消费者的认知程度非常高，为此个体特征的作用并不显著。

第二，在信任倾向（人际信任）方面。网购频次仅对专业生鲜平台的选择具有显著影响，但对社交平台与普通平台的选择无显著影响；是否有亲友为网上销售者仅对社交电商平台产生影响；但这两者对普通电商平台均无影响。这说明对于不同"互联网＋"模式，消费者的信任产生机制存在差异。专业生鲜电商平台的信任倾向机制产生于消费者的购买频次，社交电商平台则源于亲友关系，普通电商平台的信任机制则产生于平台的信用背书。

第三，在农产品品类方面。首先，农产品呈现出不同的产品特性，对存储、运输等的要求存在差异；其次，消费者对于不同的农产品呈现出不同的消费偏好，对新鲜度、产品安全性等的需求存在差异；最后，不同的电商平台在产品提供、仓储布局、运输方式等方面存在差异。在消费理性下，结合消费者对不同农产品的消费偏好，为满足其消费偏好，消费者会选择恰当的电商平台购买其所需的农产品。也即证明农产品品类通过消费者偏好来影响农产品的"互联网＋"模式。

第5章 实证检验Ⅱ：基于生产者视角的产品特性与"互联网+"融合程度

由理论分析可知，之所以相同品类的不同农产品，其"互联网+"程度存在较大的差异性，是因为同一品类不同农产品的存储条件、包装要求、地域性等产品特征有较大差异，由此也导致不同农产品的"互联网+"程度表现出差异性特征。因此，本章将基于农产品的研究视角，构建二元 Logistic 模型验证前文提出的研究假说2。

5.1 基于产品视角的农产品"互联网+"现状描述

5.1.1 数据来源说明

（1）数据来源。

本书研究农产品的"互联网+"问题，涉及供求两方面的主体，上一章基于消费者视角进行了研究。为此本章通过问卷《"互联网＋农业"农业生产者调查问卷》获取相关信息。结合现实访谈、文献阅读等设计问卷，并通过问卷星进行线上发放。问卷设计包括六个部分：第一，农户基本信息；第二，农业生产与销售条件；第三，农户对互联网的认知与态度；第四，农产品生产情况；第五，农产品特性与销售；第六，农产品电子商务的效益评价。问卷于2020年1～3月通过问卷星及微信等形式随机向外发送。其中，1月回收47份，占比37.01%；2月回收10份，占比7.87%，3月回收70份，占比55.12%，共计127份。其中，有过网络销售的样本为35例，占比27.56%；没有过网络销售的样本为92例，占比72.44%。

（2）样本概括。

基于调研问卷，本章对受访者的统计分析结果如表5－1所示。从性别来看，男性农业生产者样本为114份，占比89.76%；女性样本为13份，占比10.24%。受教育程度方面，初中与高中学历的受访者共计101份，占比为79.53%。从受访者对家庭从事农业生产人员的平均年龄来看，平均年龄段多集中于41～50岁和51～60岁，数量分别为55例和31例，样本占比共计67.72%。从生产者类型来看，普通农户占比最高，样本数量为71份，占比为55.91%；其次为家庭农场，样本数量为26份，占比20.47%；种植大户25份，占比19.69%。从是否参加农业技术培训来看，59份参加过农业技术培训，而超过一半的样本未参加过，样本数量为68份，占比为53.54%。

表5－1　被访者个体特征描述性统计分析　　　　单位：份，%

内容	类别	数量（总量127）	占比
性别	男	114	89.76
	女	13	10.24

续表

内容	类别	数量（总量127）	占比
受教育程度	未上过学	0	0.00
	小学	13	10.24
	初中	71	55.91
	高中（中专、职高）	30	23.62
	大专	7	5.51
	本科及以上	6	4.72
生产者类型	家庭农场	26	20.47
	种植大户	25	19.69
	示范户	5	3.94
	普通农户	71	55.91
从事农业生产人员的平均年龄	20～30 岁	6	4.72
	31～40 岁	28	22.05
	41～50 岁	55	43.31
	51～60 岁	31	24.41
	61 岁以上	7	5.51
是否参加过农技培训	是	59	46.46
	否	68	53.54

资料来源：根据调查数据整理所得。

5.1.2　农产品"互联网 +"程度的现状描述

（1）软硬件基本支持"互联网 +"销售。

基于调研问卷，本章对农产品生产与销售条件部分的统计分析结果如表 5 - 2 所示。在网络覆盖方面，无论是宽带网络还是手机网络，均有超过 85% 的受访者认为当地已达到基本覆盖或完全覆盖。其中，手机网络覆盖情况更为可观，认为达到完全覆盖的人数为 56 人，占比达 44.09%；认为达到基本覆盖的人数为 60 人，占比为 47.24%。在快递物流方面，有 76 人认为当地快递物流系统建设非常完善或基本完善，占比分别为 5.51%、54.33%，仍有 40.16% 的受访者认为不太完善或没有。

表 5-2 农产品的生产销售条件　　　　　单位：人，%

内容	类别	数量（总量127）	占比
宽带网络覆盖	完全覆盖	34	26.77
	基本覆盖	78	61.42
	部分覆盖	14	11.02
	无	1	0.79
手机网络覆盖	完全覆盖	56	44.09
	基本覆盖	60	47.24
	部分覆盖	11	8.66
	无	0	0.00
快递物流情况	非常完善	7	5.51
	基本完善	69	54.33
	不太完善	47	37.01
	没有	4	3.15

资料来源：根据调查数据整理所得。

（2）互联网销售的认知与态度有待提升。

基于调研问卷，本章对互联网农业生产销售的农户认知与态度部分的统计分析结果如表 5-3 所示。在受访农户中，118 位受访者都赞同或非常赞同互联网给生活带来了极大的便利，占比为 92.91%。相比较而言，只有 84 位受访者赞同或非常赞同互联网给生产销售带来了极大的便利，占比为 66.14%，仍有 22.05% 的农户表示不确定。而对电子商务已经成为农产品的主要销售方式之一这一说法，只有 44.89% 的农户表示赞同或非常赞同，37.79% 的农户表示不赞同或极不赞同。同时，88.19% 的受访农户认为政府应该加大力度推进农产品电子商务的进一步发展。可见，农户对互联网都有基本的了解，但仍有部分农户对互联网销售农产品这一模式持观望态度。

表 5 - 3　农户对互联网农产品产销的认知与态度　　单位：人，%

题项	极不赞同	不赞同	不确定	赞同	非常赞同
互联网为您的生活带来极大便利	0 （0）	2 （1.57）	7 （5.51）	77 （60.63）	41 （32.28）
互联网为您的生产销售带来极大便利	1 （0.79）	14 （11.02）	28 （22.05）	58 （45.67）	26 （20.47）
电子商务已经成为农产品的主要销售方式之一	2 （1.57）	46 （36.22）	22 （17.32）	44 （34.65）	13 （10.24）
政府应该加大力度推进农产品电子商务的进一步发展	0 （0）	7 （5.51）	8 （6.30）	73 （57.48）	39 （30.71）

资料来源：根据调查数据整理所得。

（3）农产品电子商务的效益评价一般。

基于调研问卷，本章对农户农产品电子商务的效益评价部分的统计分析结果如表 5 - 4 所示。在受访农户中，52 位受访者认为电子商务带来了额外的成本增加，占比为 40.94%，23.62% 的受访者表示不确定，仅 35.43% 的农户表示不赞同或极不赞同。73 位受访者认为电子商务降低了农产品总的销售成本，占比为 57.48%。在生产方面，对于电子商务有助于提高产品标准化程度这一说法，77.95% 受访者表示赞同或非常赞同，同时，80.32% 受访者认为电子商务刺激我们改进生产方式，72.44% 受访者认为电子商务有助于产品质量的提升。在销售方面，111 位受访者认为电子商务提高了产品销售的便利性，占比 87.40%。认为电子商务拓宽了农产品销售渠道的受访者也达到了 88.76%，认为电子商务降低了农产品滞销风险的受访者占比为 74.80%，79.53% 的受访者认为电子商务显著提高了农产品销量。在价格方面，61.42% 的受访者不确定或不赞同电子商务容易导致农产品价格波动，只有 38.58% 受访者认为电子商务容易导致价格波动，但仍有51.97%的受访者认为电子商务有利于提高农产品销售价格。

表5-4 农户对农产品电子商务的效益评价 单位：人，%

题项	极不赞同	不赞同	不确定	赞同	非常赞同
电子商务带来了额外的成本增加	2 (1.57)	43 (33.86)	30 (23.62)	45 (35.43)	7 (5.51)
电子商务降低了农产品总的销售成本	0 (0)	20 (15.75)	34 (26.77)	63 (49.61)	10 (7.87)
电子商务有助于提高产品标准化程度	0 (0)	9 (7.09)	19 (14.96)	84 (66.14)	15 (11.81)
电子商务刺激我们改进生产方式	0 (0)	9 (7.09)	16 (12.60)	82 (64.57)	20 (15.75)
电子商务有助于产品质量的提升	0 (0)	15 (11.81)	20 (15.75)	73 (57.48)	19 (14.96)
电子商务提高了产品销售的便利性	0 (0)	4 (3.15)	12 (9.45)	83 (65.35)	28 (22.05)
电子商务拓宽了农产品销售渠道	0 (0)	3 (2.36)	10 (7.87)	87 (68.50)	27 (21.26)
电子商务降低了农产品滞销风险	0 (0)	9 (7.09)	23 (18.11)	73 (57.48)	22 (17.32)
电子商务有利于提高农产品销售价格	0 (0)	22 (17.32)	39 (30.71)	53 (41.73)	13 (10.24)
电子商务显著提高了农产品销量	0 (0)	6 (4.72)	20 (15.75)	77 (60.63)	24 (18.90)
电子商务容易导致农产品价格波动	1 (0.79)	35 (27.56)	42 (33.07)	42 (33.07)	7 (5.51)

资料来源：根据调查数据整理所得。

5.2 实证分析：产品特性与"互联网＋"程度

5.2.1 变量与指标

（1）变量与指标说明。

由前文理论模型可知，本节实证分析涉及的变量包括因变量——"互联网＋"程度，即生产者对该产品是否采用网上销售模式，自变量——产品特性。考虑到生产者是否采用线上销售，还将受到其他因素的影响，分析中将控制网络与物流条件、产品商标、生产者特征等情况。具体测量指标及赋值说明如表5－5所示。

表5－5 变量及赋值说明

	变量	指标	具体测量
因变量	"互联网＋"程度	生产者是否在线销售该产品	1＝是；0＝否
自变量	产品特性	包装要求	1＝纸袋包装即可；2＝需简易的纸箱包装；3＝需硬皮纸箱包装；4＝需要纸箱＋泡沫包装；5＝对包装材料有严格的要求
		存储条件	1＝自然条件下可保存7天以上；2＝自然条件下可保存3～7天；3＝自然条件下只能保存1～3天；4＝低温（0～5度）或者真空条件才能保存1～7天；5＝冰冻（0度以下）才能保存
		地域性	1＝全国各地均有生产；2＝全国绝大部分地区可生产；3＝只有部分省份可以生产；4＝只有个别省份可生产；5＝全国只有本地区有该品种
控制变量	性别	户主性别	1＝男性；2＝女性
	受教育程度	家庭成员最高受教育程度	1＝未上过学；2＝小学；3＝初中；4＝高中（中专、职高）；5＝大专；6＝本科及以上
	年龄	农业劳动力平均年龄	1＝21～30岁；2＝31～40岁；3＝41～50岁；4＝51～60岁；5＝61岁以上
	商标	注册商标	1＝注册；2＝未注册
	淘宝村	是否淘宝村	1＝淘宝村；2＝非淘宝村
	宽带	当地宽带网络覆盖情况	1＝完全覆盖；2＝基本覆盖；3＝部分覆盖；4＝无
	手机网络	当地手机网络覆盖情况	1＝完全覆盖；2＝基本覆盖；3＝部分覆盖；4＝无
	物流	当地的快递物流情况	1＝非常完善；2＝基本完善；3＝不太完善；4＝没有

资料来源：根据调研问卷整理所得。

第一，因变量。本节的因变量为生产者是否线上销售农产品。本次研究将因变量设置为哑变量，对应农产品生产者是否在线销售该产品，取值范围为 [0，1]，若生产者在线销售该产品，则记为1；若生产者没有在线销售该产品，则记为0。其深层含义为农产品生产者的"互联网＋"程度，该指标数据通过线下和线上问卷调研所得。

第二，自变量。本节的自变量为产品特性，具体分为存储条件、包装要求和地域性三个指标。在自变量中，关于产品特性，由前文理论分析可知，产品特性通过影响交易特性因素，进而影响交易费用。不同农产品具有不同的产品特性，不同产品特性农产品其交易要素特性各不相同，最终其交易费用也不相同。交易要素特性由资产专用性、交易不确定性以及交易频次组成。但在调研过程中，若使用这三项指标，农户可能难以理解其中的含义，使用存储条件、包装要求和地域性这三个指标，可以便于农户理解，同时这三项指标可以在一定程度上反映资产专用性、交易不确定性以及交易频次。这三项指标数据均通过线下和线上问卷调研所得。

第三，控制变量。首先，考虑到网络和物流条件是实现线上销售的基础设施，故是否加入淘宝村、宽带覆盖情况、手机网络覆盖情况、物流覆盖情况四个控制变量；其次，考虑到商品信誉是生产者是否更愿意将该产品放于网上销售的原因之一，故本节的实证分析将加入商品是否注册商标作为控制变量；最后，考虑到生产者的个体特征是影响其销售决策的主要因素，本节在实证分析中将加入代表生产者特征的户主性别、农业劳动力平均年龄、家庭最高受教育程度三个控制变量。上述指标数据均通过线下和线上问卷调研所得。

（2）变量与指标预测。

在自变量中，对于包装要求，包装要求取值范围为 [1，5]，其含义分别为1＝纸袋包装即可；2＝需简易的纸箱包装；3＝需硬皮纸箱包装；4＝需要纸箱＋泡沫包装；5＝对包装材料有严格的要求。农产品包装要求越高，说明其标准化程度越高，资产专用性和交易不确定性越低，其交易费用也越低。故本章预测农产品包装要求对农户生产"互联网＋"程度呈正向影响。

对于存储条件，存储条件取值范围为［1，5］，其含义分别为 1 = 自然条件下可保存 7 天以上；2 = 自然条件下可保存 3～7 天；3 = 自然条件下只能保存 1～3 天；4 = 低温（0～5℃）或者真空条件才能保存 1～7 天；5 = 冰冻（0℃以下）才能保存。农产品储存条件要求越高，说明其受保存、运输、配送等影响明显，资产专用性和交易不确定性较高，其交易费用也越高。故本章预测农产品储存条件对农户生产"互联网＋"程度呈负向影响。

对于地域性，地域性取值范围为［1，5］，其含义分别为 1 = 全国各地均有生产；2 = 全国绝大部分地区可生产；3 = 只有部分省份可以生产；4 = 只有个别省份可以生产；5 = 全国只有本地区有该品种。农产品地域性越高，说明其农产品独特性越强，多数地方难以直接购买，消费者若想购买该农产品，只能通过线上销售的渠道。故本章预测农产品地域性对农户生产"互联网＋"程度呈正向影响。

在控制变量中，对于生产者的性别因素，其取值范围为［0，1］。其含义分别为 1 = 男性；2 = 女性。本章预测性别因素对农户"互联网＋"程度影响不大，鉴于过去的多数研究在农户个人因素都有设置性别这一因素，故本章把性别因素加入该模型的控制变量。

对于生产者的年龄因素，其取值范围为［1，5］。其含义分别为 1 = 21～30 岁；2 = 31～40 岁；3 = 41～50 岁；4 = 51～60 岁；5 = 61 岁以上。因为农户年龄越大，对互联网技术这一新鲜事物的学习能力就越弱，难以掌握新技术的使用，同时，农户年龄越大，其对新事物也越保守。故本章预测年龄因素对农户"互联网＋"程度呈负向影响。

对于生产者的家庭受教育最高程度，其取值范围为［1，6］。其含义分别为 1 = 未上过学；2 = 小学；3 = 初中；4 = 高中（中专、职高）；5 = 大专；6 =

本科及以上。生产者家庭受教育最高程度越高，其生产者的学习能力越强，对新事物的开放程度也越深，故本章预测受教育程度因素对农户"互联网+"程度呈正向影响。

对于商标因素，其取值范围为［0，1］。其含义分别为1=注册；2=未注册。农产品有进行商标注册，则说明生产者有相应的品牌意识，其农产品标准化程度也会较高，市场交易费用较低。故本章预测商标因素对农户"互联网+"程度呈正向影响。

对于淘宝村因素，其取值范围为［0，1］。其含义分别为1=淘宝村；2=非淘宝村。若该村是淘宝村，已进行线上销售的农户可以有效带动其他未进行线上销售的农户，方便未进行线上销售的农户使用互联网销售。故本章预测淘宝村因素对农户"互联网+"程度呈正向影响。

对于宽带因素，对应为当地宽带网络覆盖情况，其取值范围为［1，4］。其含义分别为1=完全覆盖；2=基本覆盖；3=部分覆盖；4=无。宽带网络覆盖情况越好，越方便农户使用互联网，故本章预测宽带因素对农户"互联网+"程度呈正向影响。

对于手机网络因素，对应为当地手机网络覆盖情况，其取值范围为［1，4］。其含义分别为1=完全覆盖；2=基本覆盖；3=部分覆盖；4=无。手机网络覆盖情况越好，越方便农户使用互联网，故本章预测宽带因素对农户"互联网+"程度呈正向影响。

对于物流因素，对应为当地的快递物流情况，其取值范围为［1，4］。1=非常完善；2=基本完善；3=不太完善；4=没有。物流建设越完善，越方便农户进行线上销售，故本章预测物流因素对农户"互联网+"程度呈正向影响。

综合以上研究假设，本书的研究假设模型框架如图5-1所示。其中实线箭头表示显著影响，虚线箭头表示不显著影响。

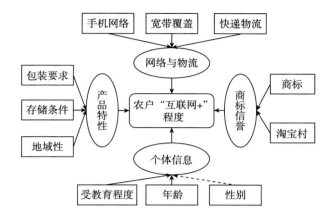

图 5－1　本书的研究假设模型框架

5.2.2　方法选择

本节将构建计量模型，回归产品特性对互联网＋程度（生产者是否选择线上销售农产品）的影响。考虑到因变量都是二元离散数据类型，故计量模型将选择数据类型相符的二元 Logistic 模型。二元 Logistic 模型可以通过产品包装要求、储存条件、地域性、农户性别、农户受教育程度、当地物流情况、当地宽带情况等因素来分析产品特性对生产者"互联网＋"的影响。

5.2.3　实证分析

（1）模型估计。

本章将基于产品视角，把产品特性以及可能影响农户"互联网＋"程度的因素纳入实证分析模型中，借助 SPSS20.0 软件，对调研数据进行二元 Logistic 回归分析，最终回归结果如表 5－6 所示。

农产品特性对"互联网+"的影响机理：平台经济视角下的农产品电子商务

表5-6　产品特性对生产者"互联网+"的影响

	系数	标准误差	显著性	EXP（B）
淘宝村	-0.756**	0.370	0.041	0.469
宽带	-1.051***	0.385	0.006	0.350
手机网络	0.493	0.354	0.164	1.636
物流	0.272	0.265	0.305	1.313
商标	-2.626***	0.493	0.000	0.072
户主性别	-0.637	0.510	0.212	0.529
家庭成员最高受教育程度	0.205	0.143	0.153	1.227
农业劳动力平均年龄	-0.440**	0.181	0.015	0.644
包装要求	0.325***	0.091	0.000	1.384
存储方式	-0.244*	0.139	0.078	0.783
地域性	0.646***	0.133	0.000	1.909
常量	4.778***	1.771	0.007	118.863
-2对数似然值	300.053			
Cox & Snell R²	0.330			
Nagelkerke R²	0.474			

注：*、**、***分别表示10%、5%、1%的显著性水平。

资料来源：SPSS20.0结果。

由表5-6的实证结果可知，模型具有一定的解释力。"-2对数似然值""Cox & Snell R²"和"Nagelkerke R²"结果值均说明模型具有一定的拟合度。

从表5-6可以看出，有5个因素在1%的水平下通过检验，分别为宽带覆盖情况、商标注册、包装要求、地域性与常量；有2个因素在5%的水平下通过检验，分别为淘宝村和农户劳动力平均年龄；有1个因素在10%的水平下通过检验，为存储方式；有3个因素没能通过检验，分别为手机网络覆盖、物流建设情况和家庭受教育程度。-2对数似然值为300.053，大于卡方临界值，模型整体拟合效果良好。Cox & Snell R²值为0.330，Nagelkerke R²值为0.474，符合一般要求。综上所述，本次二元Logistic回归模型数据拟合度

·126·

较好。

（2）产品特性对农户"互联网＋"程度的影响。

包装要求在1%的水平上显著，系数为0.325，说明包装要求对农户"互联网＋"程度有显著的正向影响。该结果与预测结果相一致，反映了农户对其农产品的包装要求高，其标准化程度越高，进而该农产品的线上交易费用越低，有利于农户使用互联网销售。

存储方式在10%的水平上显著，系数为－0.244，说明存储方式对农户"互联网＋"程度有显著的负向影响。该结果与预测结果相一致，反映了农产品的存储方式要求越高，如蔬菜、水产等，其保质要求越高，线上交易费用就会越高，不利于农户使用互联网销售。

地域性在1%的水平上显著，系数为0.646，说明地域性对农户"互联网＋"程度有显著的正向影响。该结果与预测结果相一致，反映了农产品地域性越明显，若农户使用互联网来进行销售，可以有效增加其销量，不限于固定区域进行销售。

（3）农户个体信息对农户"互联网＋"程度的影响。

性别因素未能显著通过检验，该结果与预测结果相一致，反映了性别因素在农户是否使用互联网销售中不存在明显的差异。

家庭成员最高受教育程度也未能显著通过，该结果与预测结果不一致，这可能是由于家庭最高受教育程度的人员参与农户生产的程度有所差异，部分家庭的最高受教育程度的成员有参与农业生产，部分家庭的最高受教育程度的成员没有参与，故导致最后回归系数不显著。

农户劳动力平均年龄在5%的水平上显著，系数为－0.440，说明农户年龄因素对农户"互联网＋"程度有显著的正向影响。该结果与预测结果相一致，反映了农户劳动力年龄的高低确实对农户的学习能力、新鲜事物的接受能力有所影响，农户劳动力的年龄越大越不利于农户使用互联网来进行销售。

（4）商品信誉对农户"互联网+"程度的影响。

淘宝村因素在5%的水平上显著，系数是 -0.756，由于该指标取值为2代表非淘宝村，取值为1代表淘宝村，说明淘宝村因素对农户"互联网+"程度有显著的正向影响。该结果与预测结果相一致，反映了农户所在乡村若为淘宝村，其中已参与互联网销售的农户对其他未参与互联网销售的农户有示范带动作用。

商标注册因素在1%的水平上显著，系数是 -2.626，由于该指标取值为2代表没有注册商标，取值为1代表有注册商标，说明商标因素对农户"互联网+"程度有显著的正向影响。该结果与预测结果相一致，反映了农户有注册商标，说明其品牌意识较强，产品的标准度也相应较高。

（5）网络和物流条件对农户"互联网+"程度的影响。

宽带覆盖情况在1%的水平上显著，系数是 -1.051，由于该指标越高，其宽带覆盖情况越差，说明宽带因素对农户"互联网+"程度有显著的正向影响。该结果与预测结果相一致，反映了农户所在地区的宽带情况越好，越有利于农户使用互联网进行销售。宽带覆盖情况越好，往往该地区的生产者使用宽带的频率越高，对互联网的依存度也越高。

手机覆盖情况不显著，该结果与预测结果不一致，这可能是由于农户是否会选择互联网来进行销售主要取决于宽带覆盖情况，互联网销售主要是通过计算机来进行；另外，在样本数据中，各地区的手机覆盖普遍都较为良好，样本数据较为单一，导致样本数据不能有效反映手机覆盖情况的影响。

物流条件不显著，该结果与预测结果不一致，这可能是由于本次调研是快递物流的情况，仍不能够准确反映农户在互联网销售过程中实际物流的条件情况，故回归系数不显著。

5.2.4 理论假说验证

（1）假说检验结果。

由实证模型检验结果可知，关键变量"产品特性"的三个指标"包装要求""储存条件"和"地域性"都通过了显著性检验。并且变量的影响方向也符合理论分析提出的研究假说（见表 5 - 7）。第一，包装要求越严格的农产品，生产者将其进行互联网销售的可能性越高，因此该类农产品整体的"互联网＋"程度就越高；第二，存储条件苛刻程度越低的农产品，生产者将其进行互联网销售的可能性越高，因此该类农产品整体的"互联网＋"程度就越高；第三，越是只有在特殊地区才能生产的农产品，生产者将其进行互联网销售的可能性越高，因此该类农产品整体的"互联网＋"程度就越高。

表 5 - 7　假说 2 检验结果

	假说内容	检验结果
假说 2a	包装要求越严格，采用互联网销售的可能性越高	通过
假说 2b	存储条件越苛刻，采用互联网销售的可能性越低	通过
假说 2c	地域性越明显，采用互联网销售的可能性越高	通过

（2）进一步说明。

通过上述分析可以得知，本书的最终模型影响框架如图 5 - 2 所示。其中，实线箭头表示显著影响，虚线箭头表示不显著影响。

在最终结果中，有 8 个因素与预测的结果一致，分别为包装要求、存储条件、地域性、商标、淘宝村、年龄、性别、宽带覆盖情况；有 3 个因素与预测的结果不一样，分别为家庭成员受教育程度、手机网络覆盖程度和快递物流情况。

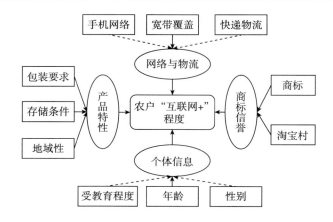

图 5－2　最终模型的影响框架

5.3　本章小结

结合调研数据及实证分析结果，本章得出以下研究结论：

第一，在产品特性方面，不同产品特性的农产品决定了其网上销售的交易费用有所差异，进而影响生产者是否会使用互联网来进行销售。其中，包装要求和地域性对农户"互联网＋"程度起正向影响，而存储条件起负向影响。

第二，在个体信息方面，在年龄、性别和家庭成员受教育程度这三项指标，仅有年龄这一项对农户"互联网＋"程度起明显的负向影响。

第三，在商标信誉方面，在商标和淘宝村这两项指标中，两项指标均对农户"互联网＋"程度起正向影响。

第四，在网络和物流方面，在手机网络、宽带覆盖情况和快递物流情况这三项指标，仅有宽带覆盖情况这一项对农户"互联网＋"程度起明显的正向影响。

第6章　实证检验Ⅲ：融合程度
对融合效果的影响

由理论分析可知，并非"互联网＋"程度越高，融合绩效就越好。只有当生产者根据产品特性选择合适的"互联网＋"程度，才能同时发挥"互联网＋"的技术效应和渠道效应，进而提高生产者的经营绩效。否则，"互联网＋"只能视为一种技术引进，仅能起到刺激生产提高产品质量的技术效果。因此，本章将基于生产者的研究视角，构建结构方程模型验证前文提出的研究假说3。

6.1　基于生产者视角的农产品
"互联网＋"经营绩效描述

6.1.1　数据来源

（1）研究样本的界定。

本章的数据取样对象是农产品的生产者，本次研究主要了解产品特性、

"互联网＋"程度与经营绩效这三者之间的关系。从生产者的角度出发，本章用实证分析来验证和检验前文理论分析所得出的结论，即并非"互联网＋"程度越高，融合绩效就越好。农户生产要想发挥渠道效应，需根据自身产品特性，否则"互联网＋"仅能起到技术效应的作用。对此，本章研究在正式调研中选取不同地域、不同类别农产品和不同发展阶段的农户作为本次研究的调查对象。

（2）样本规模的确定。

本章的实证分析将采用结构方程模型来验证研究假说。学术界一般认为，结构方程模型是针对大样本的分析方法，用于分析的样本数目越多，越有利于实证分析的准确性和稳定性，指标的适用性和解释能力也就越强。但受现实条件的限制，学术研究在收集调研问卷的过程中存在时间、资金、人力等成本影响，不可能做到无限大的样本数目。Gorsuch 认为在实证分析中研究样本量在100 份以上，同时，实证模型的变量数与样本数量的比例要高于 $1:5$。此外，有效问卷的数目是由问卷的题目数量所决定的，有效问卷数目与问卷题项数目有比例要求，一般要求比例为 $10\sim15$ 倍。本研究的观察变量为 10 个，所以样本规模应该确定为 $100\sim150$ 份。因此，虽然本研究因疫情等不可抗力因素所收集到的有效问卷数为 127 份，但依然基本符合样本规模要求。

（3）数据样本的收集。

在确定调研对象和调研样本规模的基础上，本章采用了线上和线下两种方式来进行数据样本收集。在调研问卷收集过程中，多数问卷是通过线下收集的方式进行，由于受疫情的影响，部分实地调查被迫中断改以线上收集的方式进行。实地调查主要通过调查访谈的形式，前往广东省江门市、广州市从化区等县域随机走访，一对一访谈完成调查问卷；而线上收集主要通过问卷星①形式向部分农户发放调研问卷以及回收调研问卷。

在获取原始数据后，为了保证调研问卷的有效性，制定了无效问卷的标准，具体为：①在问卷中未回答题目数占总题目数高于 20% 的问卷。②回答过程中有明显一致性或规律性的问卷。③反向问项回答不合格的问卷。在通过整理和分类，得出用于统计分析的数据样本，尽可能确保本次研究的可靠性。

本研究的数据收集起止时间为 2020 年 1 月 12 日至 2 月 29 日。调研问卷情况如表 6 – 1 所示，以线下方式发放的问卷数为 120 份，其中回收 115 份，有效份数为 98 份，线下调研问卷有效率达 85.22% ；以线上方式发放的问卷数为 80 份，其中回收 56 份，有效份数为 29 份；线上调研问卷有效率达51.79% ；正式调研共发放 200 份问卷，问卷回收数为 171 份，整理后有效问卷为 127 份，调研问卷有效率达 74.27% 。

表 6 – 1　调研问卷发放情况、回收情况和有效情况　　　单位：份,%

发放方式	发出份数	回收份数	成功回收率	有效份数	有效占比
线下	120	115	95.83	98	85.22
线上	80	56	70.00	29	51.79
合计	200	171	85.50	127	74.27

资料来源：根据回收的问卷整理所得。

6.1.2　生产者"互联网 +"经营绩效的现状描述

农产品生产者"互联网 +"经营绩效的现状描述将从农户基本信息、农业生产与销售条件、农户对互联网的认知与态度、农产品生产情况、农产品特

---

①　由于针对农户的问卷内容相对较多，在线填写问卷的质量受到农户理解能力和耐心程度影响，回收的问卷质量明显低于实地走访调查。

性与销售和农产品电子商务的效益评价六个方面进行说明。

（1）农户基本信息。

从性别结构上看，在本次"互联网+农业"调查问卷中，男性在农产品生产者中占绝大多数，占比为87.04%；女性在农产品生产者中占少数，占比为12.96%。从年龄结构上看，当前农户以中老年为主，而青年较少，31~40岁占比22.22%，41~50岁占比42.59%，51~60岁及61岁以上占比31.48%，20~30岁占比仅有3.7%，我国农产品生产者老龄化现象明显，具体占比如图6-1所示。

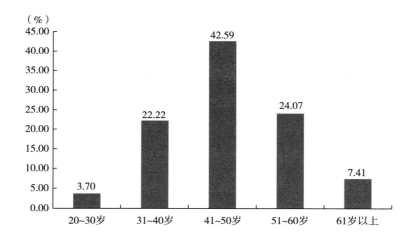

图 6-1　有效样本的年龄分析

资料来源：根据回收的有效样本整理所得。

从受教育程度来看，高中及以上学历较多，小学和初中学历较少，高中及以上学历占比达88.89%，小学学历占比3.7%，初中学历占比7.41%，我国农产品生产者受教育程度明显上升，具体情况如图6-2所示。

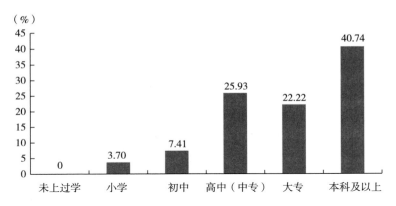

图 6 - 2　有效样本的学历分析

资料来源：根据回收的有效样本整理所得。

（2）农业生产与销售条件。

在当地快递物流方面，农户对当地快递物流情况的设问中，回答选择最多的是基本完善，不太完善位居第二，甚至有部分回答选择没有。这说明我国当前农村物流建设仍存在较大改善空间，部分农户在销售过程中并不能使用快递物流来扩大销售路径拓宽产品市场。快递物流具体情况如图 6 - 3 所示。

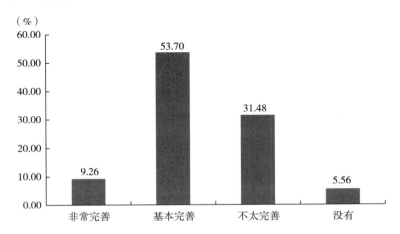

图 6 - 3　有效样本的物流分析

资料来源：根据回收的有效样本整理所得。

在互联网基础建设方面，农户在对当地宽带覆盖情况的设问中，回答选择主要集中在完全覆盖和基本覆盖，分别占比为 42.59% 和 48.15%。农户对当地手机网络覆盖情况的设问中，回答选择同样集中在完全覆盖和基本覆盖，分别占比为 57.41% 和 37.04%。这说明我国当前互联网基础建设较为完善，宽带网络和手机网络都能在农村做到全覆盖，手机网络的覆盖面要比宽带网络覆盖面更好一点，这可能是因为调研问卷的填写对象集中在中老年人身上，中老年人普遍使用手机上网。具体网络覆盖情况如图 6-4 所示。

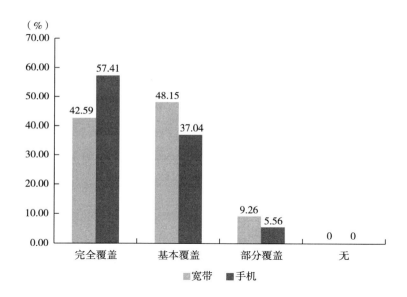

图 6-4   有效样本的网络覆盖情况

资料来源：根据回收的有效样本整理所得。

（3）农户对互联网的认知与态度。

在问卷设计时，将农户对互联网的认知与态度分为 7 个题目，分别为互联网对生活的便利性、互联网对销售的便利性、互联网对经济的促进作用、互联网的优点大于缺点、互联网的信息获取、互联网已成为销售方式和政府对电子商务的推进力度。同时，各题目也分为 5 个程度，分别是"非常赞同""赞同""不确定""不赞同"和"极不赞同"。农户对互联网的认知与态度情况如表 6-2 所示。

表 6-2 农户对互联网的认知与态度   单位：%

序号	题目	极不赞同	不赞同	不确定	赞同	非常赞同
1	互联网为您的生活带来极大便利	0	0	1.85	51.85	46.30
2	互联网为您的生产销售带来极大便利	0	5.56	16.67	44.44	33.33
3	互联网的普及有助于社会与经济发展	0	1.85	1.85	50.00	46.30
4	互联网技术的优点大于缺点	0	0	7.41	55.56	37.04
5	互联网为您提供了大量传统媒介无法获取的有用信息	0	3.7	11.11	48.15	37.04
6	电子商务已经成为农产品的主要销售方式之一	1.85	25.93	25.93	35.19	11.11
7	政府应该加大力度推进农产品电子商务的进一步发展	0	7.41	5.56	40.74	46.30

资料来源：根据回收的有效样本整理所得。

由表 6-2 可以看出，农户十分认可互联网的发展，互联网发展确实惠及了农户的生活与生产，给农户生活和生产带来极大便利。农户对互联网发展的态度是比较积极的，没有抗拒使用互联网。互联网为农户提供了更多有用的信息，农户也希望政府可以加大力度来推进农产品电子商务的发展。但从题目 6 可以看出，当前农产品电子商务并不是农产品的主要销售方式，这与农户生产习惯、产品特性、缺乏互联网技术知识等相关。

（4）农产品生产情况。

在调研过程中，虽然农户十分认可互联网信息技术，但是农户的互联网信息技术使用率较低。在农户是否使用农业生产方面信息技术的调查中发现，仅有 38.89％ 的农户有使用生产方面的信息技术，而 61.11％ 的农户在生产中并未使用信息技术。在农户使用信息技术前所考虑的因素排序中，投入成本是农户使用信息技术前所最担心的问题，而技术难易程度和政府支持反而排在最后；而在农户使用信息技术后所考虑的因素排序中，技术效果小是农户使用信息技术后所最担心的问题，而农产品容易坏是最不担心的。这说明如果农产品生产要想加大 "互联网＋农业" 程度，必须降低互联网信息技术的使用成本，信息技术成本的降低可以有效加强 "互联网＋农业" 程度。同时，农产品电子商务也要改善使用效果，让农户能够真真切切地感受到使用技术所带来的效益。农户采用信息技术前后所考虑因素的排序如表 6－3 所示。

表 6－3　农户采用信息技术前后考虑因素排序

使用前考虑因素		使用后考虑因素	
选项	平均综合得分	选项	平均综合得分
投入成本	5.02	技术效果小	3.81
技术风险	3.61	价格变化	3.56
家庭经济水平	3.57	不会使用	3.33
技术难易程度	2.81	技术服务	3.24
政府支持	2.7	容易坏	2.78
其他	0.52	其他	0.57

资料来源：根据回收的有效样本整理所得。

在对农户采用农业信息技术后的效果评价中，农户对农业信息技术持有肯定态度，农业信息技术提高了农户农产品标准化程度、提高了生产管理效率、提高了产品的品质、改善农业生产环境和节约了一定劳动力。但是，在效果评价中非常赞同的占比较低。这反映了农业信息技术有较大的改善空间，特别是生产成本上，不少农户选择了农业信息技术会带来额外的成本增加。具体效果评价如表6-4所示。

表6-4 农户采用农业信息技术后的效果评价　　　　单位:%

序号	题目	极不赞同	不赞同	不确定	赞同	非常赞同
1	农业信息技术降低了生产成本	0	1.85	25.93	50	22.22
2	农业信息技术节约了大量的劳动力	0	0	18.52	51.85	29.63
3	农业信息技术带来了额外的成本增加	1.85	27.78	31.48	25.93	12.96
4	农业信息技术提高农产品标准化程度	0	1.85	14.81	46.3	37.04
5	农业信息技术提高了生产管理效率	0	0	5.56	57.41	37.04
6	农业信息技术提高了产品的质量	0	1.85	18.52	51.85	27.78
7	农业信息技术改善了农业生产环境	0	1.85	14.81	57.41	25.93

资料来源：根据回收的有效样本整理所得。

　　当前，我国农户对农业生产信息技术的信息来源主要集中于手机网络和周围种植户这两个渠道，而国家技术人员的培训与当地合作社等组织对农户信息技术的传播力度相对较为薄弱，传播范围仍不够广泛。这反映了信息技术的学习主要依靠农户自身，这一情况不利于发挥互联网信息技术的技术效应和渠道效应。除了信息来源外，农户在生产中遇到问题时如何解决，农户的选择也是集中在依靠自身经验来解决，其次是向科技示范户和种植大户请教，政府技术人员和农技部门在农户的选择排序中靠后。这反映了我国农户具有较强的自学能力，在求教过程中更倾向于私人，也说明政府技术人员和农技部门在解答农户问题的服务上仍有提升空间。

　　而在农户当前最需要的农业生产技术调研中，农户选择最多的是土壤改良技术，第二是病虫害防治技术，第三是采收与保险贮藏技术。而灌溉技术、施肥技术、新品种排名靠后。这说明在未来农业信息技术应该与土壤改良技术进行更多地融合，若能明显改善土壤的肥力，相信可以加强我国农业信息技术的使用程度。

在对农户在未来是否打算使用农业信息技术的调研中，绝大多数的农户表示在未来会打算或继续使用农业信息技术。

（5）农产品特性与销售。

在对农产品保存方式的调研中，绝大多数的农产品可以在自然条件下保存7天以上；少数农产品在自然条件下保存3～7天；极少数农产品需要在冰冻条件下保存。通过对农产品保存方式的调研，我们可以发现多数农产品对保存方式的要求并不高，只有少数农产品需要冰冻条件，对于需要冰冻条件保存的农产品，其可销售窗口期较短，这部分农产品参与"互联网＋"程度的深浅，将会对其销售效益有明显影响。

在对农产品包装要求的调研中，绝大多数的农产品其包装要求为纸袋包装即可；少数农产品需要简易纸箱；极少数农产品需要纸箱加泡沫包装。通过对农产品包装要求的调研，我们发现多数农产品本身的包装要求并不高，这一方面与农产品自身保存条件相关，农产品自身并不需要太多的包装保护；另一方面也反映农户的品牌意识、市场意识和文化意识比较薄弱，在对农户是否有注册品牌或商标的调研中，只有 16.67% 的农户有注册品牌或商标，而 83.33% 的农户没有注册品牌或商标，再次说明农户忽略了产品包装设计对其销售的重要性。

在对农产品地域性的调研中，多数农产品在全国各地均有生产，少数农产品在部分省份可以生产，极少数农产品在个别省份可以生产。通过对农产品地域性的调研，我们可以发现只有少数农产品具有明显的地域特点，对于这些农产品，互联网＋农业可以有效融合，明显扩充该农产品的销售渠道，增大生产规模，降低生产成本，快速创造经济价值。

在对农户是否通过互联网销售的调研中，没有通过互联网销售的比例高达 64.81%，部分通过互联网销售的比例为 25.93%，全部通过互联网销售的比例仅有 9.26%。这说明当前农户生产的"互联网＋"程度并不太高，农户销售渠道仍以传统渠道为主。若政府提供渠道，有 81. 48% 的农户愿意通过互联网销售部分产品，只有 18. 52% 的农户不愿意。这反映不少农户不懂使用互联网信息技术或缺乏互联网销售的渠道。在没有或不愿意互联网销售原因的调研中，从图 6 - 5 可以得知，多数农户不知道如何通过互联网来进行销售，若能让农户了解互联网销售的使用，可明显提升农产品销售的"互联网 +"程度。

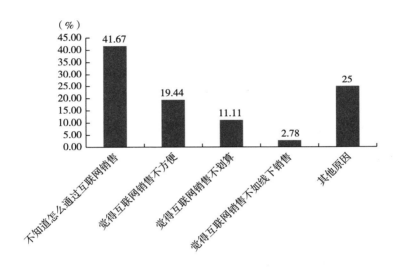

图 6 - 5　没有或者不愿意互联网销售的原因

资料来源：根据回收的有效样本整理所得。

（6）农产品电子商务的效益评价。

在对农户农产品电子商务的效益评价的调研中，具体情况如表 6 - 5 所示。在成本方面，有 50. 00% 的农户赞同电子商务带来了额外的成本增加，有 42. 59% 的农户没有赞同电子商务降低了农产品的总销售成本。这说明农产品电子商务给农户确实带来了额外的成本增加，同时，其降低了农产品总的销售成本效果并不明显。

表6-5 农产品电子商务的效益评价 单位：%

序号	题目	极不赞同	不赞同	不确定	赞同	非常赞同
1	电子商务带来了额外的成本增加	3.70	20.37	25.93	38.89	11.11
2	电子商务降低了农产品总的销售成本	0	9.26	33.33	44.44	12.96
3	电子商务有助于提高产品标准化程度	0	3.70	9.26	68.52	18.52
4	电子商务刺激我们改进生产方式	0	3.70	7.41	61.11	27.78
5	电子商务有助于产品质量的提升	0	3.70	14.81	53.70	27.78
6	电子商务提高了产品销售的便利性	0	0	11.11	55.56	33.33
7	电子商务拓宽了农产品销售渠道	0	0	12.96	51.85	35.19
8	电子商务降低了农产品滞销风险	0	1.85	20.37	48.15	29.63
9	电子商务有利于提高农产品销售价格	0	3.70	33.33	46.30	16.67
10	电子商务显著提高了农产品销量	0	0	16.67	53.70	29.63
11	电子商务容易导致农产品价格波动	1.85	18.52	33.33	37.04	9.26

资料来源：根据回收的有效样本整理所得。

在技术效应方面，有87.04%的农户赞同电子商务提高了产品标准化程度，有88.89%的农户赞同电子商务刺激改进生产方式，有81.48%的农户赞同电子商务有助于提升产品质量。这反映了电子商务对农产品生产的技术效应是比较明显的，多数农户都认可电子商务在产品标准、生产方式和产品质量方面具有促进作用。

在渠道效应方面，有88.89%的农户赞同电子商务提高了产品销售的便利性，有87.04%的农户赞同电子商务拓宽了农产品销售渠道，有77.78%的农户赞同电子商务降低农产品的滞销风险。这反映了农户能感受到电子商务的渠道效应，电子商务的渠道效应是明显存在的，至少在销售便利性、销售渠道和滞销风险这三个方面上。

6.2　实证分析：产品特性、"互联网＋" 程度与经营绩效

6.2.1　方法选择

本章将通过构建结构方程模型进行实证分析，之所以使用结构方程模型，主要有三方面原因：一是从变量的可测性角度而言，本章涉及的变量适合结构方程模型的系列指标测算方式；二是从误差修正角度而言，本章的数据类型符合结构方程模型的误差处理要求；三是从测量指标和变量的相关性角度而言，结构方程模型有助于修正本章变量和指标之间的相关性。

6.2.2　变量与指标说明

本章重点考察两大问题：第一，"互联网＋"程度直接影响生产者经营的技术效应；第二，"互联网＋"通过产品特征间接影响生产者经营的渠道效应。涉及的变量有4个，具体测量如表6-6所示，各变量的描述性统计如表6-7所示。

表6-6　变量、指标与具体测量标准

变量	指标	具体测量标准
互联网＋度（RHCD）	网上销售情况	1＝没有网上销售；2＝部分产品网上销售；3＝全部产品网上销售

续表

变量	指标	具体测量标准
产品特性（CPTX）	包装要求（BZYQ）	1 = 纸袋包装即可；2 = 需简易的纸箱包装；3 = 需硬皮纸箱包装；4 = 需要纸箱 + 泡沫包装；5 = 对包装材料有严格的要求
	存储条件（CCTJ）	1 = 自然条件下可保存7天以上；2 = 自然条件下可保存3~7天；3 = 自然条件下只能保存1~3天；4 = 低温（0~5℃）或者真空条件才能保存1~7天；5 = 冰冻（0℃以下）才能保存
	地域性（DYX）	1 = 全国各地均有生产；2 = 全国绝大部分地区可生产；3 = 只有部分省份可以生产；4 = 只有个别省份可以生产；5 = 全国只有本地区有该品种
技术效应（ZL）	提高产品标准化程度（BZH）	1 = 极不赞同；2 = 不赞同；3 = 不确定；4 = 赞同；5 = 非常赞同
	刺激改进生产方式（SCFS）	1 = 极不赞同；2 = 不赞同；3 = 不确定；4 = 赞同；5 = 非常赞同
	促使产品质量提升（CPZL）	1 = 极不赞同；2 = 不赞同；3 = 不确定；4 = 赞同；5 = 非常赞同
渠道效应（XS）	提高产品销售便利性（BLX）	1 = 极不赞同；2 = 不赞同；3 = 不确定；4 = 赞同；5 = 非常赞同
	拓宽销售渠道（QD）	1 = 极不赞同；2 = 不赞同；3 = 不确定；4 = 赞同；5 = 非常赞同
	降低滞销风险（ZXFX）	1 = 极不赞同；2 = 不赞同；3 = 不确定；4 = 赞同；5 = 非常赞同

表 6 – 7 样本描述性统计

变量名称	变量含义	均值	标准偏差	样本个数
CCTJ	存储条件	1.646	1.095	127
BZYQ	包装要求	2.441	1.762	127
DYX	地域性	4.016	1.148	127
RHCD	互联网 + 程度	1.307	0.527	127
BZH	提高产品标准化程度	3.827	0.725	127

续表

变量名称	变量含义	均值	标准偏差	样本个数
SCFS	刺激改进生产方式	3.890	0.748	127
CPZL	促使产品质量提升	3.756	0.852	127
BLX	提高产品销售便利性	4.063	0.664	127
QD	拓宽销售渠道	4.087	0.618	127
ZXFX	降低滞销风险	3.850	0.788	127

资料来源：根据回收的有效样本测算得出。

（1）变量说明。

第一，"互联网＋"程度。利用实地调研数据，进一步将融合程度细分为全部产品采用网上销售、部分产品采用网上销售和没有采用网上销售三种情况。

第二，产品特性。如前文所述，产品特性属于潜变量，将细分为"保存条件""包装要求""地域性"三个指标进行衡量。

第三，技术效应。结合本章理论模型与前人相关研究，"互联网＋"为生产者经营带来的技术效应属于潜变量，将通过"提高产品标准化程度""刺激改进生产方式""促使产品质量提升"三个指标来进行衡量。

第四，渠道效应。结合本章理论模型与前人相关研究，"互联网＋"为生产者经营带来的渠道效应属于潜变量，将通过"提高产品销售便利性""拓宽销售渠道""降低滞销风险"三个指标来进行衡量。

（2）信度分析。

为了确定问卷数据的真实性，确保调研数据结构的稳定性，明确内容内部的一致性，本章对调研问卷的问题进行信度分析。但由于农户在填写调研问卷时，存在一定的主观性，本次研究会受到问卷填写人的主观评价以及外部环境因素的影响，故存在一定的误差。本章通过目前学术界常用的信度分析方法

Cronbach'α 系数分析法，以此说明本次调研问卷的信度情况。本章使用 SPSS 对调研问卷中的各变量数据进行信度分析，经测算得出表 6－8。表 6－8 列出了潜变量（指标）的 Cronbach'α 系数值，其中，考虑到产品特性的三个指标分属不同的领域方向，故对其指标分别进行信度检验。

表 6－8　调研问卷的 Cronbach'α 系数值

变量名称	Cronbach'α 系数	信度水平
存储条件	0.596	基本可信
包装要求	0.674	可信
地域性	0.657	可信
互联网＋程度	0.560	基本可信
技术效应	0.759	很可信
渠道效应	0.872	很可信

资料来源：通过 SPSS 软件处理数据所得。

从表 6－8 中可以得知，本次研究的数据测量有一定的信度，这主要有以下三个方面的原因：第一，各变量的界定清晰。本次调研问卷的设问使用科学的设计方法，测量题目能够较好地反映变量的含义，可以通过明确的观测变量来定量潜在变量。此外，本次研究的各变量相对较为成熟，已在多次相关研究的实证分析中被验证和检验，如技术效应、产品特性都是已被国内学者多次使用的变量。第二，调研对象选择合适。在调研对象的选择上，都是与农产品生产直接相关的人员，同时，这些农户普遍都具有较为丰富的工作经历。第三，前期准备工作充分。为了更好地完成本次研究，方便调研对象的问卷填写，本章在调研初期做了许多准备，以便让调研对象能够准确理解调研问卷中的问题。

（3）效度分析。

除了信度分析外，效度分析也是衡量调研问卷质量的重要指标。本章通过探索性因子分析（EFA）来对调研问卷来进行效度分析。在探索性因子分析中，调研问卷数据的 KMO 计算和 Bartlett 球形检验情况如表 6-9 所示。

表 6-9　调研问卷样本数据的 KMO 和 Bartlett 球形检验结果

取样足够度的 Kaiser - Meyer - Olkin（KMO）值		0.824
Bartlett 球形检验	近似卡方值	457.837
	自由度	45
	显著性	0.000

资料来源：笔者通过 SPSS 软件处理数据所得。

本章的数据样本 KMO 值为 0.824，高于 0.7 的标准，与此同时，数据样本的 Bartlett 球形检验也符合要求，显著性水平 P 值小于 0.05，因此，可进一步对调研数据样本做因子分析。本章利用 SPSS 软件对产品特性、技术效应和渠道效应的 9 个观测变量进行因子分析，提取出大于 1 的特征根有 3 个，各因子方差贡献率分别为 39.709%、12.813% 和 11.828%，方差累计百分比为 64.35%，方差累计百分比高于一般标准 50%，说明本次研究的数据样本符合研究主题，用产品特性、技术效应和渠道效应这三个因子对农户经营绩效有较强的解释能力。同时，在提取平分和载入中，最大方差的百分比为 39.709%，低于 50% 的一般标准，这说明本次研究不存在同源方差的情况。具体数据方差情况如表 6-10 所示。

表 6-10　调研数据样本的总方差情况　　　　单位:%

成分	初始特征值			提取平方和载入		
	合计	方差贡献率	累计百分比	合计	方差贡献率	累计百分比
1	3.971	39.709	39.709	3.971	39.709	39.709
2	1.281	12.813	52.522	1.281	12.813	52.522

农产品特性对"互联网＋"的影响机理：平台经济视角下的农产品电子商务

续表

成分	初始特征值			提取平方和载入		
	合计	方差贡献率	累计百分比	合计	方差贡献率	累计百分比
3	1.183	11.828	64.350	1.183	11.828	64.350
4	0.952	9.519	73.870	—	—	—
5	0.724	7.244	81.114	—	—	—
6	0.570	5.702	86.816	—	—	—
7	0.500	4.998	91.813	—	—	—
8	0.322	3.222	95.035	—	—	—
9	0.268	2.679	97.714	—	—	—
10	0.229	2.286	100.000	—	—	—

资料来源：SPSS 处理数据得出，其中提取方法采用主成分分析法。

6.2.3 模型构建

（1）初始模型构建。

本章将进一步通过结构方程模型对"互联网＋"程度、产品特性、技术效应和渠道效应之间的内在关系进行实证分析。结构方程包括两大模型：测量模型和结构模型。在测量模型和结构模型的基础上，不同研究可根据分析内容构建出相关的理论模型。

第一，结构模型和测量模型。

$$\eta = B\eta + \Gamma\xi + \zeta \tag{6-1}$$

方程（6-1）为结构方程中的一般结构模型。其中，B 和 Γ 为路径系数，前者为不同潜在因变量之间的相互关系，后者为潜在自变量与潜在因变量的相互关系，ζ 为误差项。

$$x = \Lambda_x\xi + \delta \tag{6-2}$$

$$y = \Lambda_y\eta + \varepsilon \tag{6-3}$$

· 148 ·

方程（6-2）和方程（6-3）为结构方程中的一般测量模型。其中，x 和 y 分别为外生观测变量和内生观测变量，ξ 和 η 分别为潜在自变量和潜在因变量，Λ_x 表示潜在自变量与外生观测变量之间的关系，Λ_y 表示潜在因变量与内生观测变量之间的关系，δ 和 ε 为误差项。

第二，理论模型构建。本章在一般结构模型和测量模型的基础上，根据相关研究内容提出如下理论模型（见图6-6）。

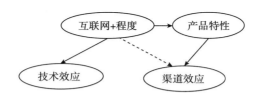

图6-6 产品特性、"互联网＋"程度与经营绩效

本章主体结构模型存在 10 个变量，把"互联网＋"程度这一个维度设定为外因变量，则互联网销售情况为外因观测变量；把产品特性、技术效应和渠道效应这三个维度设定为内因变量，则存储条件、包装要求、地域性、产品标准化、产品生产方式的改进、产品质量的提升、销售的便利性、销售渠道和滞销风险为内因观测变量。笔者结合图6-6的理论模型关系图，使用 AMOS 建构初始结构方程模型，如图6-7所示。

首先在不考虑调节变量的影响下，仅对绘制的初始假设模型进行运算发现，该模型的拟合程度并不理想，结果如图6-8和表6-11所示。

在初始结构方程模型检验图中，卡方自由度比值（CMIN/DF）为4.122，不符合一般标准；适配度指数（GFI）的值为0.861，接近大于0.90的标准；标准适配指数（NFI）的值为0.713，接近大于0.90的标准；增值适配指数（IFI）的值为0.766，接近大于0.90的标准；比较适配指数（CFI）的值为

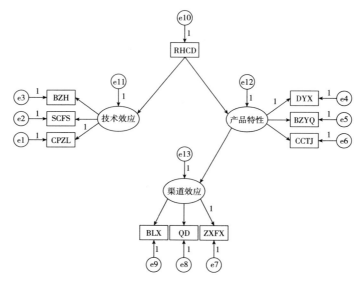

图 6 - 7　初始结构方程模型

资料来源：AMOS24.0 分析结果。

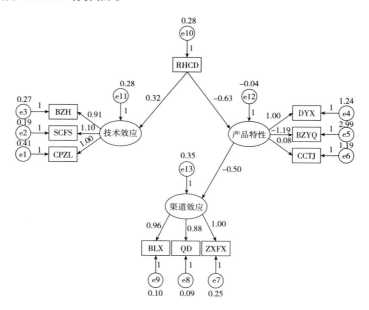

图 6 - 8　初始结构方程模型检验

资料来源：AMOS24.0 分析结果。

0.760，接近大于 0.90 的标准。从上面的分析可知，初始结构方程模型的适配度较低，还需要进一步修正。

表 6 - 11 初始结构方程模型的拟合效果

指数类型	统计检验量	实际拟合值	标准	效果
绝对适配度指数	GFI	0.861	> 0.90	接近
	RMR	0.133	< 0.10	接近
	RMSEA	0.157	< 0.10	不理想
	ECVI	1.429	理论模型小于独立模型和饱和模型	不理想
增值适配度指数	NFI	0.713	> 0.90	不理想
	IFI	0.766	> 0.90	不理想
	TLI	0.672	> 0.90	不理想
	CFI	0.760	> 0.90	接近
简约适配度指数	PNFI	0.523	> 0.50	理想
	PCFI	0.557	> 0.50	理想
	卡方自由比	4.122	< 2	不理想
	AIC	180.017	理论模型小于独立模型和饱和模型	不理想

资料来源：根据 AMOS24.0 运算结果整理得出。

（2）模型拟合和修正。

在理论模型的基础上，导入本书的相关调研数据，通过极大似然估计方法，并根据测量误差的修正指数，对理论模型进行简单的修正完善。其中，把地域性、存储条件、销售的便利性和产品标准化的路径系数设置为1，模型拟合效果如表 6 - 12 所示，最终结构方程模型如图 6 - 9 所示，最终结构方程模型检验如图 6 - 10 所示。

表 6 - 12 最终模型拟合效果

指数类型	统计检验量	实际拟合值	标准	效果
绝对适配度指数	GFI	0.911	> 0.90	理想
	RMR	0.105	< 0.10	接近
	RMSEA	0.099	< 0.10	理想
	ECVI	0.926	理论模型小于独立模型和饱和模型	理想
增值适配度指数	NFI	0.859	> 0.90	接近
	IFI	0.917	> 0.90	理想
	TLI	0.871	> 0.90	接近
	CFI	0.914	> 0.90	理想
简约适配度指数	PNFI	0.573	> 0.50	理想
	PCFI	0.610	> 0.50	理想
	卡方自由比	2.225	< 2	不理想
	AIC	116.737	理论模型小于独立模型和饱和模型	理想

资料来源：根据 AMOS24.0 运算结果整理得出。

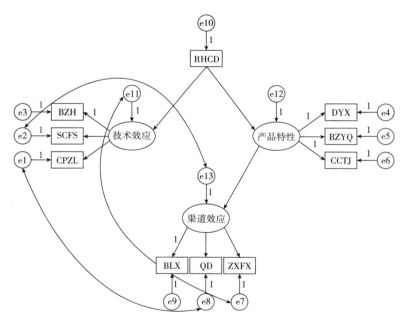

图 6 - 9 最终结构方程模型

资料来源：AMOS24.0 分析结果。

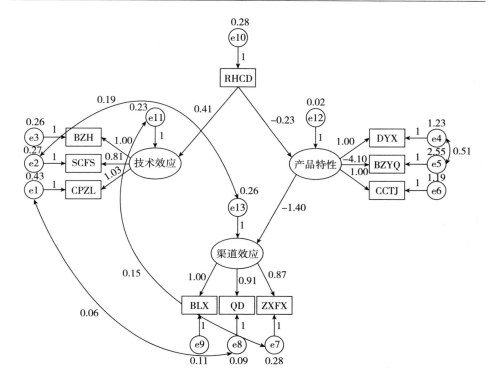

图 6 - 10　最终结构方程模型检验

资料来源：AMOS24.0 分析结果。

由表 6 - 12 可知，通过设置路径系数，同时建立 e4 和 e5、e11 和 e7、e13 和 e2、e1 和 e8 的共变关系后，模型的拟合度较高，拟合结果理想。最终结构方程模型的卡方自由度比值（CMIN/DF）为 2.225，不符合一般标准；适配度指数（GFI）的值为 0.911，大于 0.90 的标准；标准适配指数（NFI）的值为 0.859，大于 0.90 的标准；增值适配指数（IFI）的值为 0.917，大于 0.90 的标准；比较适配指数（CFI）的值为 0.914，大于 0.90 的标准。从上面的分析可知，最终结构方程模型经过多次调整，与初始结构方程模型相比，各项指标均得到了明显的优化，模型整体的适配度良好。

6.2.4 实证分析

在经过结构方程模型的拟合优化和修正后，对最终结构方程模型进行检验。根据 AMOS24.0 软件对最终结构方程模型的输出结果，将"互联网＋"程度、产品特性、渠道效应和技术效应做进一步的梳理，最终的路径系数如表 6－13 所示。所有路径均符合显著性要求和 C. R. 值要求。"技术效应←——互联网＋程度""拓宽渠道←——渠道效应""降低滞销风险←——渠道效应""改进生产方式←——技术效应"和"提高产品质量←——技术效应"路径的 C. R. 值的绝对值大于 1. 96，达到 P＝0. 01 时的显著水平。"产品特性←——互联网＋程度"和"包装要求←——产品特性"路径达到 P＝0. 1 时的显著水平。

表 6－13　模型估计结果

路径	参数估计	S. E.	C. R.	标准化参数	备注
产品特性←——互联网＋程度	－ 0. 230 *	0. 119	－ 1. 931	－ 0. 638	通过检验
渠道效应←——产品特性	－ 1. 397 *	0. 784	－ 1. 783	－ 0. 460	通过检验
技术效应←——互联网＋程度	0. 415 ***	0. 097	4. 273	0. 415	通过检验
销售便利性←——渠道效应	1. 000			0. 867	通过检验
拓宽渠道←——渠道效应	0. 911 ***	0. 085	10. 743	0. 870	通过检验
降低滞销风险←——渠道效应	0. 865 ***	0. 097	8. 946	0. 684	通过检验
提高标准化←——技术效应	1. 000			0. 716	通过检验
改进生产方式←——技术效应	0. 808 ***	0. 135	5. 994	0. 622	通过检验
提高产品质量←——技术效应	1. 032 ***	0. 185	5. 581	0. 638	通过检验
地域性←——产品特性	1. 000			0. 168	通过检验
包装要求←——产品特性	－ 4. 098 *	2. 463	－ 1. 664	－ 0. 436	通过检验
储存条件←——产品特性	1. 000			0. 170	通过检验

注：＊、＊＊、＊＊＊分别表示 10%、5%、1%的显著性水平。

资料来源：AMOS24.0 分析结果。

从"互联网＋"程度对三个潜变量来看，"互联网＋"程度对产品特性的路径系数为－0.230，"互联网＋"程度对产品特性为负向影响，这可能是因为产品特性的数值越高，农产品互联网销售的难度就越大，进而导致"互联网＋"程度越高的产品，其产品特性数值越低；"互联网＋"程度对技术效应的路径系数为0.415，"互联网＋"程度对技术效应为正向影响，这说明了"互联网＋"程度越深越能提高农产品生产的技术效应；"互联网＋"程度对渠道效应的作用需通过产品特性来传导，可以看到产品特性对渠道效应的路径系数为－1.397，说明"互联网＋"程度对渠道效应为正向影响，"互联网＋"程度越高，渠道效应越明显。

从潜变量对观测变量来看，除了默认路径系数为1的观测变量，技术效应对改进生产方式其路径系数为0.808，技术效应对提高产品质量其路径系数为1.032；渠道效应对拓宽渠道其路径系数为0.911，渠道效应对降低滞销风险其路径系数为0.865；产品特性对包装要求其路径系数为－4.098。

6.2.5　理论假说检验

（1）潜变量影响效应说明。

根据模型的输出结果，将"互联网＋"程度对农户经营绩效影响的结构方程模型做进一步的梳理，可得潜变量之间的影响效应如表6－14所示。

表6－14　潜变量之间的影响效应

潜变量之间的关系	直接效应	间接效应	总效应
互联网＋程度——技术效应	0.415	0.000	0.415
互联网＋程度——渠道效应	0.000	0.294	0.294
产品特性——渠道效应	－0.460	0.000	－0.460
互联网＋程度——产品特性	－0.638	0.000	－0.638

资料来源：AMOS24.0分析结果。

由表 6 – 14 可知，"互联网 +"程度对技术效应为直接效应，其值为 0.415。农户生产的"互联网 +"程度越高，其技术效应越明显，农户生产的"互联网 +"程度可以直接影响技术效应。农户参与互联网销售越多，农户会更注重其农产品的标准化程度、产品质量，以及改进自身的生产方式。

"互联网 +"程度对渠道效应为间接效应，其值为 0.294。农户生产的渠道效应并不直接受"互联网 +"程度的影响，农户生产要发挥渠道效应，需要通过产品特性这一路径。农户"互联网 +"程度越高，渠道效应越明显。一般而言，农户销售使用互联网的程度越高，其销售的渠道会越广、销售的便利性也明显提高，以及滞销风险也会降低。

产品特性对农户生产的渠道效应为直接效应，其值为 – 0.460，产品特性对农户生产的渠道效应产生负面影响。产品特性越明显，说明其包装要求更高、地域性更突出和保存方式要求更高，这些产品特性明显的农产品，会较难产生渠道效应。

"互联网 +"程度对产品特性为间接效应，其值为 – 0.638。农户农产品生产"互联网 +"程度越高，农产品的产品特性越不明显。这与当前参与互联网销售程度较高的农户，其产品特性不明显相关。

（2）假说检验结果。

由结构方程结果可知，潜变量"互联网 +"程度对潜变量"融合效果"既有直接影响，也有间接影响，并且体现在不同的测量指标上，由此也可对研究假说进行验证（见表 6 – 15）。第一，"互联网 +"程度将在技术效应层面对融合效果产生直接影响效应；第二，"互联网 +"程度将通过与产品特性的匹配程度对融合效果产生间接影响效应，这种影响主要体现在渠道效应层面。

表 6 – 15　假说 3 检验结果

	假说内容	检验结果
假说 3a	"互联网 + 农业"农产品电子商务平台的融合程度直接影响"互联网 + 农业"引致的技术效应	通过
假说 3b	"互联网 + 农业"农产品电子商务平台的融合程度通过产品特性间接影响"互联网 + 农业"引发的渠道效应	通过

第7章 研究结论与讨论

7.1 研究结论

农产品电子商务是我国农产品流通体系内发展较快的领域，也是引领驱动传统农业产业化升级，实现小农户与大市场有效衔接的可行载体。经过近十年的高速发展，并随着移动互联技术的深度应用，农产品电子商务不断演化出更加贴近不同农产品品类特征和产品特性的新业态、新模式，为不同农产品上行搭建了新通路，初步实现了小农户分散生产经营与消费者个性化消费需求的实际连接，农产品电子商务平台开始真正在生产小农户和消费大市场之间架起了直接沟通对接的桥梁。因而，本书提出疑问：小农户是如何通过农产品电子商务平台实现与大市场有效衔接的？其背后的作用机制是怎样的？实际观察农产品电子商务平台的具体运营发现，不同品类的农产品在"互联网＋农业"的农产品电子商务运营实践中融合程度和融合效果是有差别的，而即便在同一电商平台具有相似运作方式的不同品类农产品其经营绩效也存在差异。由此可见，农产品所属品类特征和产品特性差别与农产品电子商务平台互联网技术渗透融合的程度和效果差异可能是解释消费者和小农户决策差异和匹配的关键要素。据此，本书的重点定位于：消费者"互联网＋"消费模式选择决策受哪些因素主导？生产者是否选择"互联网＋"销售的内在机理是怎样形成的？如何结合市场供需对"互联网＋"效果做出评判？因此，本书在前人研究成果的基础上，以产业融合理论、交易费用理论和平台经济理论为指导构建一个"产品特性—交易费用—平台机制"的一体化研究分析框架，从品类特征、产品特性分析切入，运用农产品消费者和小农户的问卷调查数据对理论分析进行实证检验。研究结果表明：

第一，农产品电子商务演化发展的经济学逻辑：互联网技术与传统商业流通领域渗透融合形成的电子商务业态的可交易商品品类逐步扩散至农产品流通领域的演化过程。品类特征和产品特性是对农产品与电子商务流通进行适配分析的关键解析要素，也是将农产品纳入平台交易一体化研究框架的关键分析变量。

第二，影响消费者"互联网＋"模式选择决策的主导因素是农产品的品类特征。一方面，不同品类农产品具有不同的品类特征，通过对农产品电子商务业态模式的归纳分析发现，农产品电子商务业态模式不断演进发展的逻辑是更加贴合农产品品类特征及流通需求，品类特征与农产品电子商务业态模式产生关联。另一方面，消费者通过在不同农产品电子商务平台购买符合其消费需求的农产品。对此，本书根据面向消费者的调查问卷数据进行实证分析。结果表明，相对于其他品类农产品，消费者更倾向于通过大型的普通商品电子商务平台购买商品化、标准化程度相对较高的加工类农产品；更倾向于通过专业生鲜电子商务平台和社交电子商务渠道购买商品化标准化程度相对较低的日常消费类生鲜农产品和体验增值类生鲜农产品。换言之，消费者实际是根据其所需农产品的品类特征来选择相对应的电子商务购买渠道。

第三，产品特性是影响生产者是否选择"互联网＋"销售的关键要素。同一品类的不同农产品具有不同的产品特性，进一步对产品特性进行抽象划分为包装要求、存储条件和地域性三种特性。生产者将上述三个产品特性来判断是否采用互联网销售其所生产的农产品。对此，本书根据面向生产者的调查问卷数据进行实证分析。结果表明，包装要求越严格，采用互联网销售的可能性越高；存储条件越苛刻，采用互联网销售的可能性越低；地域性越明显，采用互联网销售的可能性越高。进一步的分析发现：包装要求的严格程度与互联网销售的难易程度呈正相关，这是因为对农产品进行包装就相当于对其进行了一定程度的初加工，这也是一个对普通农产品进行的商品化和标准化提升过程，包装要求越严格对其商品化、标准化的提升越大，与电子商务销售的适配程度越高，其正向激励生产者采用互联网销售的强度越大；存储条件与配送要求正相关，存储条件越严苛，配送要求越高（如需要冷链仓储、全程冷链物流等）、与电子商务销售的适配程度越低，其反向激励生产者采用互联网销售的强度越大；产品地域性与产品独特性相关联，产品地域性特征越明显，地域覆盖范围越集中于所在地周边越能代表所在地特色，其产品独特性就越强；而能够突破地域空间限制的电子商务销售渠道与之结合所产生的商业经济价值就更高，正向激励生产者采用互联网销售的强度更大。根据交易费用理论，对农户正向或负向激励作用都影响着农户对自己所生产的农产品对应网上售卖交易费用大小的判断，这是农户生产者决定是否采用互联网销售的判断依据。这个判断依据主要受农户个体的主观因素影响，与其生产经营规模、家庭经济条件、人力资本积累等禀赋条件有关，即发展理性——拓展了的有限理性。因此，从内在机理来看，线上交易费用高低与农产品特性关联，生产者实际是根据其所生产农产品特性并结合自身发展理性来判断其产品对应的在线交易费用而决定是否采用互联网销售。

　　第四，"互联网＋"效果好坏包括两种效应：产品品质改进的技术效应和销售市场拓宽的渠道效应。"互联网＋"程度只能对技术效应产生直接影响，其对渠道效应的影响将受限于"互联网＋"程度与产品特性的匹配情况。农产品电子商务平台是互联网技术向农产品流通领域渗透融合而形成的虚拟化市场平台。从平台与用户间的互动关系视角，将用户"是否与平台发生联系"视作融合程度表征，将用户"怎样与平台产生联系"视作融合效果表征。而从理论上来讲，成员网络外部性和使用网络外部性的区分，对应着用户是否实际使用农产品电子商务平台形成实际交易的注册用户和使用用户区分。经结构方程模型检验表明，存在融合程度直接影响"互联网＋农业"的技术效应、融合程度通过产品特性间接影响"互联网＋"的渠道效应作用机制。需要说明的是，结构方程模型实证分析所验证的技术效应是通过问卷中被调查对象针对"采用互联网销售会提升农产品品质"表现出的态度倾向来体现的。农户开始考虑是否通过互联网渠道销售农产品时，意味着该农户已经和互联网销售渠道产生了某种联系，这种联系此时或许仅是因为农户浏览了网页或者查看了手机推送外；这样的联系就是用户网络外部性的起点，而这个联系是虚拟的，并未实际注册平台用户使用；另外，无论哪种农产品电子商务或者网上销售形式，其对农产品都会有相应的上线销售要求，比如包装要求、配送要求和品质要求等，无论哪种要求都是在某种程度上对农产品商品化和标准化程度的一定提升，即农产品品质的一定程度提升。

7.2　启示与建议：基于农产品电子商务平台双边发展视角的对策建议

研究结果表明，农产品电子商务平台是实现小农户和大市场有效对接的可行载体，而该平台要实现供需平衡的健康发展依然面临诸多挑战，需要解决好诸如产品品质提升、消费体验升级和农户利益联结等相关问题。对此，本书将在总结全书研究内容启示的基础上，从农产品电子商务平台及双边用户利益均衡的角度，提出相关对策建议，以期促进农产品电子商务平台更好发展。

7.2.1 基于平台交易农产品视角的启示与建议

农产品电子商务平台的核心虽然是应用互联网技术的虚拟交易平台，但这个平台得以生存发展的关键并不是其自身如何运作的机制底层逻辑。当不确定性成为常态，一个最有效的方法就是回归基本面①。农产品电子商务平台销售的是人们日常生活所需的农产品，无论何种模式或者哪种技术，最终消费者拿到的都是其所需的农产品，农产品是平台生存和发展的基石。深入分析小农户与大市场有效对接问题，其实质就是农产品品质与消费者需求匹配失衡，消费者需求升级与农产品有效供给不足的矛盾。根据本书研究发现，"互联网+农业"的农产品电子商务平台不只是提供了一个对接匹配双方需求的有效平台，更重要的是其对需要接入平台的农产品形成不同程度的产品品质提升作用，即农产品电子商务平台的技术效应。因此，农产品电子商务平台如果仅是"互联网+原有农产品"，是难以满足升级的消费者需求实现可持续发展的。基于平台交易农产品视角的对策建议逻辑就是不断提升农产品品质。而电子商务演进的一个重要特征就是产品的标准化和品牌化，这也是根据农产品品类特征和产品特性从两个不同的方向来提升农产品品质的起点和关键。

---

① 赵晓萌，寇尚伟. 农业互联网：产业互联网的最后一片蓝海［M］. 北京：机械工业出版社，2016.

第一，从包装标准化开始，不断提升农产品标准化水平。通过研究发现，农产品包装要求越严格越可能实现线上销售。对农产品进行不同程度的包装不仅影响其电子商务销售的适配程度，也影响产品品质保持程度。包装农产品不仅可以在一定程度上取得相对更高的售价，也会便于储运而更受渠道流通环节青睐。农产品标准化一般包括了生产标准化、包装标准化、流通标准化、服务标准化等，包装标准化可能是其中最便捷成本最低的提升农产品标准化的手段。包装同样需要匹配品类特征和产品特性。对于普通农产品，最简单用统一的简易纸箱包装便可以提升其标准化程度，便于市场流通利于价格提升；而对于生鲜农产品，可采用冰袋泡沫箱的方式在提升标准化水平的同时有效增强其产品品质保持度，延长销售流通周期、拓展销售地域限制。总之，包装标准化是农产品生产流通环节易于实现、便于操作的标准化方法，农产品电子商务需要根据品类特征和产品特性对应匹配合理的包装标准，从包装标准化开始，不断提升农产品标准化水平。

第二，从产品差异化着手，不断推进农产品品牌化建设。通过研究发现，农产品地域性特征越显著越可能实现线上销售。这其实是与产品独特性相关的农产品差异化需求和品牌化建设问题。有品类而无品牌是我国农产品市场的典型特征（赵晓萌、寇尚伟，2016）。这就需要不断提炼特色农产品的产品特征，并与消费者差异化需求匹配对接，打造符合农产品电子商务特点的特色农产品品牌。而"三品一标"是我国重要的安全优质农产品公共品牌，其涵盖了安全、优质、特色等产品特征要素，是匹配消费者差异化需求、推进农产品品牌化建设的重要方式。从产品差异化、特色品牌化着手，不断提升特色农产品品牌化程度。进一步强化特色农产品"三品一标"品牌体系建设，大力推进特色农产品"三品一标"认证审核工作，不断拓展"三品一标"认证农产品线上销售渠道，通过品牌化建设全方位提升农产品品质，以满足公众农产品消费升级需求。

7.2.2　基于平台交易消费者视角的启示与建议

根据农产品品类构建差异化的电子商务流通模式。通过研究表明，消费者需求偏好在很大程度上塑造了农产品电子商务市场发展的内在演进逻辑，是农产品电子商务市场发育的主要决定因素。而农产品消费具有体验式倾向和主观化评价的特点，同一品类相似特性农产品交由不同消费者评价，结果可能相去甚远。除去产品品质外，消费体验是决定消费者重复购买的决定性因素。农产品垂直电商平台、O2O 线上线下社区融合平台等模式都是满足消费者农产品线上消费体验升级而演化形成的。因此，基于消费者视角出发，紧紧围绕消费者需求体验，根据农产品品类特征和产品特性构建与之匹配的农产品电子商务流通模式，消费者需求体验不断加以改进和优化，即通过农产品电子商务平台的技术效应不断强化其渠道效应，是刺激消费者需求、提升消费者体验和培育消费者习惯的关键所在。

7.2.3　基于平台交易生产者视角的启示与建议

基于产品特性视角给予农户线上销售农产品的指导与培训。研究表明，农户生产者决策受到其自身发展特性的影响，在结合自身实际的基础上通过比较交易费用大小做出流通经营决策，影响其决策最主要的是农户自身的主客观因素，而非市场因素主导。在没有迫切生计压力的情况下，农户农产品是否采用线上销售往往取决于其农产品与电子商务渠道适配程度有关，也就是与农户采用互联网销售的难易程度相关。因此，根据不同农产品品类特征和产品特性，实行差别化的农产品上行操作流程；根据产品特点最大程度地简易化农户农产品上线销售程序，有效降低基于农户视角的前端上线交易费用，有利于促进更多农户采纳互联网销售渠道，进而形成并强化农产品电子商务平台农户生产者的网络外部性效应。

7.3　研究的不足

尽管从某种程度来看，本书既具有一定的理论意义，也具有一定的实践价值。但因受限于笔者的研究能力和研究方法，本研究仍然存在较大的不足和局限。

第一，研究对象的范围相对较窄。本书的基本目的是为了解析"互联网＋农业"渗透融合的农产品电子商务平台匹配对接平台双边用户需求供给的作用机理。但是受限于各种客观条件限制，研究过程中无法考虑覆盖到所有农产品电子商务平台实践，仅以日常生活中人们经常接触使用的普通电子商务平台、专业生鲜电子商务平台和社交电子商务渠道平台等作为最主要的平台模式，近两年兴起的各类电商扶贫平台实践时间较短，实践效果有待进一步考察等原因，暂未将其纳入研究分析范畴。没能更加全面地探讨农产品电子商务平台的演化发展模式。

第二，生产者实地调研样本数量不足，样本范围不够广泛。本书的主要研究区域为广东省，在生产者实地调研过程中，由于受时间、条件、人力等因素限制，特别是受新疫情的重大影响，导致仅在部分县域开展并完成了实地调查，部分区域的生产者实地调研未能按计划如期开展，导致调查样本数量不足。而由于各区域之间生产条件、经济社会发展水平等存在差异，如能进一步补充调查，扩大生产者样本总量和样本所在地范围，研究结论的说服力将进一步提升。

第三，研究分析框架还不够严密。本书主要基于平台经济视角，对产业融合理论、交易费用理论和平台经济理论构建理论分析框架，研究"互联网＋

农业"渗透融合的农产品电子商务平台的融合模式、融合程度、融合效果及平台作用机制。但受限于个人知识体系结构和研究分析能力影响，加之产业融合理论和平台经济理论相对前沿，在理论框架构建时主要从理论推导方面进行分析，缺乏数理模型推导的验证分析，具有一定的局限性。此外，虽然对农户行为理论有限理性思想进行了适度拓展，但在分析过程中未能对其进行更进一步的解析，主要基于积极的发展视角分析，未能将消极的复杂人性的因素（如少数贫困农户在脱贫攻坚中表现出的"等、靠、要"思想）纳入分析。如能在后续的研究框架中进一步丰富完善，将使得本研究更加全面。

7.4 未来的研究方向

本书对农产品电子商务平台匹配衔接生产者和消费者双方需求的作用机制进行了理论分析和实证检验，这是对"互联网＋农业"渗透融合的农产品电子商务平台演化路径和平台经济系统化研究逻辑框架进行总结的一种创新尝试，但还有不少问题未能在本书中解答完善，主要包括：

第一，关于产业融合度的测算。关于产业融合度的测算已经有部分研究成果（胡金星，2007；梁伟军，2010；姜睿清，2013；唐晓华等，2015；汪芳、潘毛毛，2015；梁树广、马中东，2017；Kyunam Kim，2017；孙会敏等，2018；程广斌、阳春，2019；陈国生，2019），运用可获得的数据进行了一定程度的尝试，但并未形成系统的、统一的标准和方法，这些测算大都是基于宏观产业数据对产业间或产业内相关两个或几个产业间进行测算。数据的可获得性是实证研究的关键因素之一，本书在开题进行研究设计时曾计划通过不同品类农产品、不同产品特性的农产品在电子商务平台销售表现渗透数据进行融合度分析测算，依据融合度测算来划分出具有相似融合度的不同品类不同特性农产品集合，这是帮助我们研究融合作用机制非常关键的产品集合，对其进行品类特征、产品特性分析，将会进一步深化我们对农产品电子商务平台与农产品自身属性关联的认识，不断加深对农产品自身属性于融合效果影响机制的认知（见图7–1）。但由于平台数据无论涉及产品品类或时间序列的销售数据都因属商业机密是无法获取的，而平台用户行为大数据则更加敏感无法获得。相信随着理念和时代的进步，这些数据特别是在品类时间序列销售数据可能获得的情况下，研究分析层次将可能进一步下沉到农产品品类和特性组间研究测算，这会为我们深化实证研究带来极大的助力。为此，我们尝试申请加入阿里活水研究计划，以期从数据源头上获得支持。

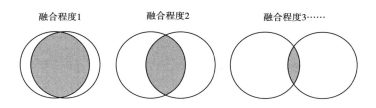

图7–1 不同的融合程度（Namil Kim，2015）

第二，关于网络外部性关键数量的计算。从经验观察来看，类似于我国手机用户市场规模增长，移动互联时代的微信用户规模呈现明显的网络外部性：从问世至用户过亿仅433天，用户从1亿增至2亿仅172天，用户从2亿增至3亿120天[①]。我们感兴趣的是不同平台用户规模的关键数量不一的原因有哪些？那么不同平台用户规模的关键数量都在什么水平？不同平台的关键数量可以测算吗？测算指标和方法应该是怎样的才算是科学合理？根据现实观察，近

---

① 刘志彪等．产业经济学（第2版）［M］．北京：机械工业出版社，2020：148.

年来，农产品电子商务平台的迅猛发展，似乎可以说明其已经达到关键数量，但具体到每种不同的农产品电子商务平台模式，各平台的关键数量显然并不相同，部分平台已经达到关键数量而用户规模不断扩大，个别新出现的平台模式似乎还未达到关键数量，用户零散而不确定，显然两者的生存发展战略是不一样的。如果能够有一套科学合理。适用性强的网络外部性用户规模关键数量计算方法或模型，就可以帮助我们大致判断不同农产品电子商务平台的市场发展情况和趋势，帮助该平台制定相应的发展战略。如能对网络外部性用户规模的关键数量进行计算，则对成员外部性和使用外部性分别测算网络外部性用户规模的关键数量，通过两者的关键数量差异对比，将有助于我们深化拓展用户外部性向使用外部性演进的演化机制。

第三，关于电子商务适配度测算和适配品类矩阵坐标构建。易观国际在2010 年提出的电子商务品类年轮矩阵（见图 7 - 2），从配送难易度、商品稳定性、是否强体验、重量价格比这四个维度来分析不同品类电子商务应用的适配性问题。虽然其中提出了重量价格比这个相对可以量化计算的维度标准，但是总体上来说这个分析工具依然属于定性分析工具，缺乏能够量化分析电子商务适配度的工具。如果能够根据其提出的四个分析维度选取恰当的指标变量，运用有关数学方法构建农产品电子商务适配度测算模型，并运用有关数据对模型进行实证检验，进而通过适配度量化测算更准确合理的优化适配品类矩阵坐标系，将进一步提升对农产品品类特征和产品特性分析的数量科学化水平，形成更加客观高效准确的分析方法。

第四，构建标准化和差异化分析光谱，为农产品互联网策略提供直观分析工具。标准化和差异化就像天平的两端，农产品流通经营决策过程就像在这个天平的两端不断平衡比较的过程。如果能够根据农产品品类特征和产品特性提取分析要素变量，构建绘制农产品标准化和差异化定位分析光谱，参照利于直观的光谱分析比较，为农产品互联网策略的标准化和差异化定位分析提供直观的可视化分析工具，为农户线上销售农产品的定位策略和销售模式选择提供科学合理便捷的决策支持。

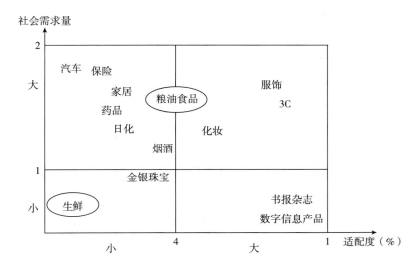

图 7－2　易观国际电子商务品类年轮矩阵示意图

参考文献

［1］白雪．农业电子商务模式研究［D］．武汉：华中师范大学，2011.

［2］宾厚，马全成，王欢芳，张伟康．产业融合、技术转移与协同创新绩效［J］．统计与决策，2020，36（1）：113-117.

［3］曹健，范静．建设区域生态循环农业的思考［J］．社会科学战线，2018（9）：245-249.

［4］陈阿江，林蓉．农业循环的断裂及重建策略［J］．学习与探索，2018（7）：26-33.

［5］陈兵．互联网平台经济运行的规制基调［J］．中国特色社会主义研究，2018（3）：51-60.

［6］陈红玲，张祥建，刘潇．平台经济前沿研究综述与未来展望［J］．云南财经大学学报，2019，35（5）：3-11.

［7］陈柳钦．产业集群创新问题探讨［J］．重庆社会科学，2007（2）：12-17.

［8］陈学云，程长明．乡村振兴战略的三产融合路径：逻辑必然与实证判定［J］．农业经济问题，2018（11）：91-100.

［9］陈永伟．平台经济的竞争与治理问题：挑战与思考［J］．产业组织

评论，2017，11（3）：137-154.

［10］成晨，丁冬．"互联网＋农业电子商务"：现代农业信息化的发展路径［J］．情报科学，2016，34（11）：49-52，59.

［11］成德宁，汪浩，黄杨．"互联网＋农业"背景下我国农业产业链的改造与升级［J］．农村经济，2017（5）：52-57.

［12］程莉．中国农村产业融合发展研究新进展：一个文献综述［J］．农业经济与管理，2019（2）：37-47.

［13］程名望，张家平．互联网普及与城乡收入差距：理论与实证［J］．中国农村经济，2019（2）：19-41.

［14］崔凯，冯献．演化视角下农村电商"上下并行"的逻辑与趋势［J］．中国农村经济，2018（3）：29-44.

［15］单元媛，罗威．产业融合对产业结构优化升级效应的实证研究——以电子信息业与制造业技术融合为例［J］．企业经济，2013（8）：49-56.

［16］单元媛．高技术产业融合成长研究［D］．武汉：武汉理工大学，2010.

［17］董树功．协同与融合：战略性新兴产业与传统产业互动发展的有效路径［J］．现代经济探讨，2013（2）：71-75.

［18］冯亚伟．供销社综合改革视角下农产品电子商务模式研究［J］．商业研究，2016（12）：132-137.

［19］葛振林．基于交易成本视角的生鲜农产品电商模式研究［J］．特区经济，2018（1）：138-139.

［20］郭红东．中国淘宝村："互联网＋农村"典型模式［J］．经理人，2016（3）：68-69.

［21］郭晓杰．现代农村视域下的三次产业融合发展模式及路径分析［J］．商业时代，2014（5）：122-124.

［22］韩丹，慕静，宋磊．生鲜农产品消费者网络购买意愿的影响因素研究——基于UTAUT模型的实证分析［J］．东岳论丛，2018，39（4）：91 – 101.

［23］韩小明．从工业经济到知识经济：我国发展高新技术产业的战略选择［J］．中国人民大学学报，2000（3）：34 – 41.

［24］韩小明．对于产业融合问题的理论研究［J］．教学与研究，2006（6）：54 – 61.

［25］何德华，韩晓宇，李优柱．生鲜农产品电子商务消费者购买意愿研究［J］．西北农林科技大学学报（社会科学版），2014（4）：85 – 91.

［26］何立胜，李世新．产业融合与产业变革［J］．中州学刊，2004（6）：59 – 62.

［27］洪涛，张传林，李春晓．我国农产品电子商务模式发展研究（下）［J］．商业时代，2014（17）：76 – 79 + 129.

［28］洪涛．2015年我国农产品电商发展与2016年展望（上）［J］．商业经济研究，2016（11）：63 – 66.

［29］侯振兴，闫燕．农产品电子商务研究述评与展望［J］．南京理工大学学报（社会科学版），2018，31（4）：77 – 84.

［30］胡金星．产业融合的内在机制研究［D］．上海：复旦大学，2007.

［31］胡天石．中国农产品电子商务模式研究［D］．北京：中国农业科学院，2005.

［32］胡永佳．产业融合的经济学分析［D］．北京：中共中央党校，2007.

［33］黄祖辉．在促进一二三产业融合发展中增加农民收益［N］．农民日报，2015 – 08 – 14（001）.

［34］贾开．平台经济的逻辑［N］．21世纪经济报道，2017 – 03 – 13

（019）.

［35］姜欢，郑文生，郑亚琴．农产品电子商务国内研究进展——以2001～2014年中国知网（CNKI）文献为依据［J］．长春理工大学学报（社会科学版），2016，29（2）：67 –73.

［36］姜琪，王璐．平台经济市场结构决定因素、最优形式与规制启示［J］．上海经济研究，2019（11）：18 –29.

［37］金伊宁，叶立润．国外产业融合研究综述［J］．中国集体经济，2020（2）：164 –166.

［38］寇宗来，李三希．线上线下厂商竞争：理论和政策分析［J］．世界经济，2018，41（6）：173 –192.

［39］李光兵．国外两种农户经济行为理论及其启示［J］．农村经济与社会，1992（6）：52 –57.

［40］李广乾，陶涛．电子商务平台生态化与平台治理政策［J］．管理世界，2018，34（6）：104 –109.

［41］李洁．农业多元价值下的农村产业融合：内在机理与实现路径［J］．现代经济探讨，2018（11）：127 –132.

［42］李帅，王茂春．基于CSSCI的我国农产品电子商务发展研究综述［J］．物流科技，2020，43（1）：13 –18.

［43］李晓丹．产业融合与产业发展［J］．中南财经政法大学学报，2003（1）：54 –57 +139.

［44］李永萍．功能性家庭：农民家庭现代性适应的实践形态［J］．华南农业大学学报（社会科学版），2018，17（2）：44 –60.

［45］李玉磊，李华，肖红波．国外农村一二三产业融合发展研究［J］．世界农业，2016（6）：20 –24.

［46］李治，王东阳．交易成本视角下农村一二三产业融合发展问题研究

[J]．中州学刊，2017（9）：54－59.

[47] 厉无畏．产业融合与产业创新 [J]．上海管理科学，2002（4）：4－6.

[48] 梁立华．农村地区第一、二、三产业融合的动力机制、发展模式及实施策略 [J]．改革与战略，2016，32（8）：74－77.

[49] 林家宝，万俊毅，鲁耀斌．生鲜农产品电子商务消费者信任影响因素分析：以水果为例 [J]．商业经济与管理，2015（5）：5－15.

[50] 林军，栾迪．交易费用理论述评 [J]．兰州文理学院学报（社会科学版），2017，33（1）：73－78.

[51] 岭言．"产业融合发展"——美国新经济的活力之源 [J]．工厂管理，2001（3）：25－26.

[52] 刘凤委，李琳，薛云奎．信任、交易成本与商业信用模式 [J]．经济研究，2009，44（8）：60－72.

[53] 刘皓琰．信息产品与平台经济中的非雇佣剥削 [J]．马克思主义研究，2019（3）：67－75＋160.

[54] 刘建鑫，王可山，张春林．生鲜农产品电子商务发展面临的主要问题及对策 [J]．中国流通经济，2016（12）：57－64.

[55] 刘静娴，沈文星．农产品电商发展问题及模式改进对策 [J]．现代经济探讨，2016（7）：38－41.

[56] 刘同德，郭振．电子商务对农村扶贫开发工作的影响分析——以青海省民和县"农村淘宝"项目为例 [J]．青海社会科学，2016（6）：112－118.

[57] 刘志彪等．产业经济学 [M]．北京：机械工业出版社，2020.

[58] 芦千文，张益．涉农平台经济：新兴模式、存在问题与发展对策 [J]．中国科技论坛，2018（9）：128－133.

［59］芦千文．农业产业化龙头企业发展涉农平台经济的作用、问题和对策［J］．农业经济与管理，2018（3）：76－84.

［60］芦千文．涉农平台经济：典型案例、作用机理与发展策略［J］．西北农林科技大学学报（社会科学版），2018，18（5）：63－71.

［61］鲁钊阳．政府扶持农产品电商发展政策的有效性研究［J］．中国软科学，2018（5）：56－78.

［62］罗必良．新制度经济学［M］．太原：山西经济出版社，2005.

［63］马晨，王东阳．新零售时代电子商务推动农产品流通体系转型升级的机理研究及实施路径［J］．科技管理研究，2019，39（1）：197－204.

［64］马健．产业融合理论研究评述［J］．经济学动态，2002（5）：78－81.

［65］马健．产业融合论［M］．南京：南京大学出版社，2006.

［66］马晓河．推进农村一二三产业深度融合发展［J］．中国合作经济，2015（2）：43－44.

［67］牟静．农产品电子商务模式创新研究［J］．安徽农业科学，2011，39（25）：15681－15682.

［68］聂子龙，李浩．产业融合中的企业战略思考［J］．软科学，2003（2）：80－83.

［69］彭建强．培育壮大农业农村新产业新业态［N］．河北日报，2017－03－31（007）.

［70］世界银行，阿里巴巴集团．电子商务发展：来自中国的经验［R］．北京：2019.

［71］孙浦阳，张靖佳，姜小雨．电子商务、搜寻成本与消费价格变化［J］．经济研究，2017，52（7）：139－154.

［72］汪丁丁．从"交易费用"到博弈均衡［J］．经济研究，1995（9）：

72 – 80.

[73] 汪芳，潘毛毛. 产业融合、绩效提升与制造业成长——基于 1998 –
2011 年面板数据的实证 [J]. 科学学研究，2015，33（4）：530 – 538 + 548.

[74] 汪思冰. 金融支持农村产业融合发展问题研究——以苏州为例
[J]. 商业经济研究，2017（23）：174 – 175 + 192.

[75] 汪玉凯. 汪玉凯：平台经济的发展与治理 [J]. 中国信息界，2018
（4）：42 – 45.

[76] 王桂平. 电子商务环境下我国农产品的物流运作探讨 [J]. 山东农
业科学，2011（11）：115 – 119.

[77] 王恒玉，陈囿蓉. 产品差异化理论及相关实证研究动态 [J]. 合作
经济与科技，2019（7）：84 – 86.

[78] 王娟娟. 基于电子商务平台的农产品云物流发展 [J]. 中国流通经
济，2014，28（11）：37 – 42.

[79] 王俐，周向红. 结构主义视阈下的互联网平台经济治理困境研
究——以网约车为例 [J]. 江苏社会科学，2019（4）：76 – 85.

[80] 王念，秦宇. 技术研发投入、用户补贴和分享经济平台发展——
基于交易费用理论视角的研究 [J]. 华东经济管理，2018，32（11）：
159 – 165.

[81] 王沛栋. 我国农村电子商务发展的问题与对策 [J]. 中州学刊，
2016（9）：43 – 47.

[82] 王千，赵敏. 平台经济研究综述 [J]. 南阳师范学院学报，2017，
16（7）：22 – 26.

[83] 王青. 平台经济成为生产消费的重要组织形态 [J]. 当代县域经
济，2020（1）：8.

[84] 王小兵，康春鹏，董春岩. 对"互联网＋"现代农业的再认识

［J］．农业经济问题，2018（10）：33－37．

［85］王晓红．以电子商务建构新型农村流通网络［J］．农村经济，2016（9）：125－129．

［86］王耀光．交易费用的定义、分类和测量研究综述［J］．首都经济贸易大学学报，2013，15（5）：105－113．

［87］王勇，辛凯璇，余瀚．论交易方式的演进——基于交易费用理论的新框架［J］．经济学家，2019（4）：49－58．

［88］魏平．农产品特性、交易成本与网上交易市场效率［J］．产业组织评论，2019，13（2）：158－173．

［89］魏小雨．互联网平台经济与合作治理模式［J］．黑龙江社会科学，2017（1）：105－111．

［90］乌兰．休闲农业与乡村旅游协同发展及其实现路径［J］．山东社会科学，2018（10）：145－150．

［91］向敏，袁嘉彬，于洁．电子商务环境下鲜活农产品物流配送路径优化研究［J］．科技管理研究，2015，35（18）：166－171＋183．

［92］谢富胜，吴越，王生升．平台经济全球化的政治经济学分析［J］．中国社会科学，2019（12）：62－81＋200．

［93］谢天成，施祖麟．农村电子商务发展现状、存在问题与对策［J］．现代经济探讨，2016（11）：40－44．

［94］谢仲桂，张勋．几种高效农业综合技术推广模式分析［J］．湖南农业，2016（5）：13．

［95］徐静．我国生鲜农产品有效供给保障研究［D］．镇江：江苏大学，2016．

［96］颜强，王国丽，陈加友．农产品电商精准扶贫的路径与对策——以贵州贫困农村为例［J］．农村经济，2018（2）：45－51．

［97］杨宏祥，党养性，杨德礼．陕西特色农产品电子商务发展模式与对策研究［J］．安徽农业科学，2011，39（23）：14495－14497＋14500.

［98］杨军，王厚俊．农产品流通的交易费用分析——基于电子商务和非电子商务的理论比较［J］．南方农村，2014，30（8）：41－45＋54.

［99］杨涛．从共享经济到平台经济的思考［J］．清华金融评论，2018（6）：26－27.

［100］杨珽，艾志刚，唐志强，张亮晶．农产品电子商务研究综述［J］．电子商务，2018（7）：21－22.

［101］杨志武，钟甫宁．农户生产决策研究综述［J］．生产力研究，2011（9）：209－211.

［102］易法敏，夏炯．基于电子商务平台的农产品供应链集成研究［J］．经济问题，2007（1）：87－90.

［103］易开刚，张琦．平台经济视域下的商家舞弊治理：博弈模型与政策建议［J］．浙江大学学报（人文社会科学版），2019，49（5）：127－142.

［104］于红岩，夏雷淙，李明，陈月．农村电商O2O模式研究——以"邮掌柜O2O平台"为例［J］．西安电子科技大学学报（社会科学版），2015，25（6）：14－22.

［105］于刃刚，李玉红等．产业融合论［M］．北京：人民出版社，2006.

［106］余文涛，吴士炜．互联网平台经济与行业生产效率变革——基于第三次经济普查数据的实证研究［J］．财经科学，2019（8）：55－68.

［107］岳远贺．浅析农户行为选择理论［A］//《决策与信息》杂志社，北京大学经济管理学院．"决策论坛——决策科学化与民主化学术研讨会"论文集（上）［C］．北京：《决策与信息》杂志社，北京大学经济管理学院，《科技与企业》编辑部，2017.

[108] 岳致．平台经济为传统行业赋能，放大新基建"乘数效应"［N］. 21 世纪经济报道，2020－04－24（004）.

[109] 曾亿武，郭红东，金松青．电子商务有益于农民增收吗？——来自江苏沭阳的证据［J］．中国农村经济，2018（2）：49－64.

[110] 张飞，卢才武．农产品电子商务运营模式探讨［J］．价格月刊，2014（12）：47－50.

[111] 张胜军，路征，邓翔．我国农产品电子商务平台建设的评价及建议［J］．农村经济，2011（10）：103－106.

[112] 张五常．交易费用的范式［J］．社会科学战线，1999（1）：1－9.

[113] 张夏恒．电子商务进农村推动精准扶贫的机理与路径［J］．北京工业大学学报（社会科学版），2018，18（4）：26－32.

[114] 张新洁．少数民族地区特色农产品电子商务发展探究——以云南为例［J］．贵州民族研究，2018，39（7）：161－165.

[115] 张秀隆．延伸农业产业链．推进农业融合发展［N］．广西日报，2017－07－18（011）.

[116] 张义博．农业现代化事业的产业融合互动及其路径找寻［J］．改革，2015（2）：98－117.

[117] 赵放，刘雨佳．农村三产融合发展的国际借鉴及对策［J］．经济纵横，2018（9）：122－128.

[118] 赵广华．基于共享物流的农村电子商务共同配送运作模式［J］．中国流通经济，2018，32（7）：36－44.

[119] 赵文强．我国平台经济的效应分析及其发展策略［J］．改革与战略，2019，35（3）：84－90.

[120] 赵霞，韩一军，姜楠．农村三产融合：内涵界定、现实意义及驱动因素分析［J］．农业经济问题，2017，38（4）：49－57＋111.

［121］赵霞，姜利娜．荷兰发展现代化农业对促进中国农村一二三产业融合的启示［J］．世界农业，2016（11）：21-24.

［122］赵晓飞，田野．我国农产品流通渠道模式创新研究［J］．商业经济与管理，2009（2）：16-22+91.

［123］赵晓萌，寇尚伟．农业互联网：产业互联网的最后一片蓝海［M］．北京：机械工业出版社，2016.

［124］赵新华．产业融合对经济结构转型的影响：理论及实证研究［D］．长沙：湖南大学，2014.

［125］郑红明．我国农产品电子商务产销的模式、问题及对策［J］．商业经济研究，2016（16）：181-182.

［126］郑明高．产业融合趋势下的企业战略［J］．中国流通经济，2010（6）：46-49.

［127］郑淑蓉，吕庆华．中国电子商务20年演进［J］．商业经济与管理，2013（11）：5-16.

［128］植草益．信息通讯业的产业融合［J］．中国工业经济，2001（2）：24-27.

［129］周振华．新型工业化道路：工业化与信息化的互动与融合［J］．上海经济研究，2002（12）：5-7.

［130］周振华．信息化进程中的产业融合研究［J］．经济学动态，2002（6）：58-62.

［131］朱瑞博．价值模块整合与产业融合［J］．中国工业经济，2003（8）：24-31.

［132］朱瑞霞．产业融合与产业竞争力提升［D］．上海：上海社会科学院，2008.

［133］朱信凯，徐星美．一二三产业融合发展的问题与对策研究［J］.

华中农业大学学报（社会科学版），2017（4）：9 – 12 + 145.

［134］左冰，万莹. 去内卷化：乡村旅游对农业发展的影响研究［J］. 中国农业大学学报（社会科学版），2015，32（4）：21 – 30.

［135］Astuti, Novika Candra, Reza Ashari Nasution. Technology Readiness and E – commerce Adoption among Entrepreneurs of SMEs in Bandung City, Indonesia ［J］. Gadjah Mada International Journal of Business, 2014, 16（1）：69 – 88.

［136］Bajari, Patrick, Ali Hortacsu. Economic Insights from Internet Auctions: A Survey ［J］. National Bureau of Economic Research, 2003（2）：163 – 178.

［137］Bakos, Yannis. The Emerging Landscape for Retail E – Commerce ［J］. Journal of Economic Perspectives, 2001, 15（1）：69 – 80.

［138］Botos S, Herdon M. Differences of Broadband Network Inrastracture, e – Readiness and Usage in EU Rural Regions ［J］. AGRIS on – line Papers in Economics and Informatics, 2013（4）：47 – 55.

［139］Brynjolfsson, Erik, Michael D Smith. Frictionless commerce? A comparison of Internet and conventional retailers ［J］. Management Science, 2000, 46（4）：563 – 585.

［140］Cao J, Wang Y. Analysis on Agricultural E – Commerce Platform Construction in Developed Areas Based on Rural Residents' Needs – Take The Case of Beijing ［M］. Computer and Computing Technologies in Agricultural VI. Springer Berlin Heidelberg, 2012.

［141］David Bardey, Helmuth Cremer, Jean – Marie Lozachmeur. Competition in Two – Sided Markets with Common Network Externalities ［J］. Review of Industrial Organization, 2014, 44（4）：327 – 345.

［142］Drucker, Gumpert. The Emergence of Convergence: Technologies, Industries, and Regulations ［J］. Javnost – The Public, 2000, 7（4）：154 – 163.

［143］ Fan, Jingting, Lixin Tang, Weiming Zhu, Ben Zou. The Alibaba Effect: Spatial Consumption Inequality and the Welfare Gains from E – commerce ［J］. Journal of International Economics, 2018（114）: 203 – 220.

［144］ Fine, Charles and Daniel Raff. Automotive Industry: Internet – Driven Innovation and Economics Performance ［J］. The Economic Payoff from the Internet Revolution, 2001（2）: 62 – 86.

［145］ Forman, Chris, Avi Goldfarb, Shane Greenstein. How Did Location Affect Adoption of the Commercial Internet? Global Village vs. Urban Leadership ［J］. Journal of Urban Economics, 2005, 58（3）: 389 – 420.

［146］ Fredrik Hacklin, Christian Marxt, Fritz Fahrni. Coevolutionary Cycles of Convergence: An Extrapolation from the ICT Industry ［J］. Technological Forecasting & Social Change, 2009, 76（6）: 269 – 278.

［147］ Gaines, BrianR. The Learning Curves Underlying Convergence ［J］. Technological Forecasting and Soeial Change, 1998（57）.

［148］ Gerard Hoberg, Gordon Phillips. Text – Based Network Industries and Endogenous Product Differentiation ［J］. Journal of Politicol Econorny, 2016, 124（5）: 1423 – 1465.

［149］ Gorodnichenko, Yuriy, Oleksandr Talavera. Price Setting in Online Markets: Basic Facts, International Comparisons and Cross – border Integration ［J］. American Economic Review, 2017, 107（1）: 249 – 82.

［150］ Greenstein S & Khanna T, What Does Industry Convergence Mean? ［A］ // In: Yoffie, D（ed.）: Competing in the Age of Digital Convergence ［C］. Boston, 1997.

［151］ Hacklin F, C. Marxt, M. Inganas. Technology Acquisition through Convergence: The Role of Dynamic Capabilities ［R］. 14th International Conference on Mangement of Technology, Vienna, 2005.

[152] Hacklin F, Niklas Adamsson, Christian Marxt, Margareta Norell. Design for Convergence: Managing Technological Partnerships and Competencies across and within Industries [R]. International Conference on Engineering Design ICED 05 Melbounre, 2000.

[153] Henderson J, Dooley F, Akridge J. Internal and E – commerce Adoption by Agriculture Input Firms [J]. Applied Economic Perspective and Policy, 2004 (4): 505 – 520.

[154] Hong, Han, and Matthew Shum. Using Price Distributions to Estimate Search Costs [J]. The RAND Journal of Economics, 2006, 37 (2): 257 – 275.

[155] Horta? su, Ali, F Martínez – Jerez Jason Douglas. The Geography of Trade in Online Transactions: Evidence from eBay and Mercadolibre [J]. American Economic Journal: Microeconomics, 2009, 1 (1): 53 – 74.

[156] Jean – Philippe Boussemart, Hervé Leleu, Edward Mensah, Karina Shitikova. Technological Catching – up and Structural Convergence among US industries [J]. Economic Modelling, 2020 (84): 435 – 448.

[157] Jiang II, Yang J. Chinese Agricultural Status, Issues and Strategies of the Development of Electronic Comerce [M]. Computer And Computing Technologies In Agricultural, Volume 1. Springer US, 2007.

[158] Kevin J. Boudreau, Lars B. Jeppesen. Unpaid crowd Complementors: The Platform Network Effect Mirage [J]. Strategic Management Journal, 2015, 36 (12): 438 – 450.

[159] Kumar, Sameer, Palo Petersen. Impact of E – commerce in Lowering Operational Costs and Raising Customer Satisfaction [J]. Journal of Manufacturing Technology Management, 2006, 17 (3): 283 – 302.

[160] Kyunam Kim. Impact of Firms' Cooperative Innovation Strategy on Technological Convergence Performance: The Case of Korea's ICT Industry [J]. Sustainability, 2017 (2): 147 – 165.

[161] Lawrence, Japhet Eke, and Usman A Tar. Barriers to E – commerce in Developing Countries [J]. Information, Society and Justice Journal, 2010, 3 (1): 23 – 35.

[162] Lei, D. T. Industry Evolution and Competence Development: The Impera Tives of Technological Convergence [J]. International Journal of Technology Management, 2000, 19 (7 – 8): 699 – 738.

[163] Levin, Jonathan D. The economics of internet markets [J]. National Bureau of Economic Research, 2011 (2): 2005 – 2016.

[164] Lieber, Ethan, Chad Syverson. Online Versus Offline Competition. In The Oxford Handbook of the Digital Economy [M]. Oxford: Oxford University Press Oxford, 2012.

[165] Litan, Robert E, Alice M Rivlin. Projecting the Economic Impact of the Internet [J]. American Economic Review, 2001, 91 (2): 313 – 317.

[166] Lu Y, Lu Y, Wang B, et al. Acceptance of Government – sponsored Agricultural Information Systems in China: The Role of Government Social Power [J]. Information Systems and E – Business Mangement, 2015 (2): 329 – 354.

[167] Malhotra A. Firm Strategy in Converging Industries: An Investigation of US Commercial Bank Responses to US Commercial Investment Banking Convergence [D]. Doctorial Thesis of Maryland University, 2001.

[168] Molla, Alemayehu, Paul S Licker. ECommerce Adoption in Developing Countries: A Model and Instrument [J]. Information & management, 2005, 42 (6): 877 – 899.

[169] Namil Kim, Hyeokseong Lee, Wonjoon Kim, Hyunjong Lee, Jong Hwan Suh. Dynamic Patterns of Industry Convergence: Evidence from A Large Amount of Unstructured Data [J]. Research Policy, 2015, 44 (9): 277－288.

[170] Nathalie Sick, Nina Preschitschek, Jens Leker, Stefanie Brring. A New Framework to Assess Industry Convergence in High Technology Environments [J]. Technovation, 2019 (2): 84－85.

[171] Ohjin Kwon, Yoonjung An, Myeongjung Kim, Changyong Lee. Anticipating Technology－driven Industry Convergence: Evidence from Large－scale Patent Analysis [J]. Technology Analysis & Strategic Management, 2020, 32 (4): 283－295.

[172] Oxley, Joanne E, Bernard Yeung. E－commerce Readiness: Institutional Environment and International Competitiveness [J]. Journal of International Business Studies, 2001, 32 (4): 705－723.

[173] Pil Sun Heo, Duk Hee Lee. Evolution Patterns and Network Structural Characteristics of Industry Convergence [J]. Structural Change and Economic Dynamics, 2019 (51): 154－172.

[174] Pouratashi M. Factors Influencing Consumers' Willingness to Pay for Agricultural Organic Products (AOP) [M]. INTECH Open Access Publisher, 2012.

[175] Rahayu, Rita, John Day. Determinant Factors of E－commerce Adoption by SMEs in Developing Country: Evidence from Lndonesia [J]. Procedia－Social and Behavioral Sciences, 2015 (195): 142－150.

[176] Rosenberg, N. Technological Changes in the machine Tool Industry— 1840－1910 [J]. The Journal of Economic History, 1963 (23): 414－416

[177] Scupola, Ada. Government Intervention in SMEs´E－Commerce Adop-

tion: An Institutional Approach [J] . In Global Electronic Business Research: Opportunities and Directions, 2006 (2): 158 – 178.

[178] Sean T. Hsu, John E. Prescott. The Alliance Experience Transfer Effect: The Case of Industry Convergence in the Telecommunications Equipment Industry [J] . British Journal of Management, 2017, 28 (3): 214 – 226.

[179] Shu G, Ren T, Wang M. Technology and Infrastructure Considers for E – commerce in Chinese Agriculture [J] . Agricultural Sciences in China, 2007 (1): 1 – 10.

[180] Sinai, Todd, Joel Waldfogel. Geography and the Lnternet: Is the Lnternet A Substitute or A Complement for Cities? [J] . Journal of Urban Economics, 2004, 56 (1): 1 – 24.

[181] Smith, Michael D, Erik Brynjolfsson. Consumer Decision Making at An Internet Shopbot: Brand still Matters [J] . The Journal of Industrial Economics, 2001, 49 (4): 541 – 558.

[182] Terzi, Nuray. The Impact of E – commerce on International Trade and Employment [J] . Procedia – Social and Behavioral Sciences, 2011 (24): 745 – 753.

[183] UNCTAD (United Nations Conference on Trade and Development) . E – commerce and Development Report 2004 [M] . New York, 2004.

[184] Uzoka, Faith – Michael E, Alice P Shemi, Geoffrey G Seleka. Behavioral Influences on E – Commerce Adoption in a Developing Country Context [J] . The Electronic Journal of Information Systems in Developing Countries, 2007, 31 (1): 1 – 15.

[185] Weili Shen, Bingjie Liu – Lastres, Lori Pennington – Gray, Xiaohai Hu, Jiayi Liu. Industry Convergence in Rural Tourism Development: A China – fea-

tured term or a new initiative? [J]. Current Issues in Tourism, 2019, 22 (20)
154 – 168.

[186] Willis, Jonathan L. What Impact Will E – commerce Have on the US E-conomy? [J]. Economic Review – Federal Reserve Bank of Kansas City, 2004 (89): 53 – 68.

[187] Xiao Ze – Lei, Du Xin – Ya. Measurement and Convergence in Development Performance of China's High – tech Industry [J]. Science, Technology & Society, 2017 (22): 2.

[188] Yangeng W, Yuena K, Weihua Z. The Study on Chinese Agricultural E – Commerce Development [M]. Software Engineering and Knowledge Engineering: Theory and Pratice. Springer Berlin Heidelberg, 2012.

[189] Yann Bramoullé, Rachel Kranton, Martin D'Amours [J]. Strategic Interaction and Networks. 2014, 104 (3): 898 – 930.

[190] Yoffie De, Introduction: CHESS and Competing in the Age of Digital Convergence [A] // In: Yoffie, DB (ed.). Competing in the Age of Digital Convergence [C]. Boston, 1997.

[191] Youngjung Geum, Moon – Soo Kim, Sungjoo Lee. How Industrial Convergence Happens: A Taxonomical Approach Based on Empirical Evidences [J]. Technological Forecasting & Social Change, 2016, 107.

[192] Yu P, Zhao D. Effect of Website Quality Factors on the Success of Agricultural Products B2C E – commerce [M]. Computer and Computing Technologies in Agriculture VII. Springer Berlin Heidelberg, 2013.

[193] Zeng, Yiwu, Fu Jia, Li Wan, Hongdong Guo. E – commerce in Agri – food Sector: A Systematic Literature Review [J]. International Food and Agribusiness Management Review, 2017, 20 (4): 439 – 460.

附录 A "互联网＋农业"：
农业生产者调查问卷

"互联网＋农业"：农业生产者调查问卷

调查地区：＿＿＿＿＿区（县）＿＿＿＿＿乡（镇）＿＿＿＿＿村

调查时间：＿＿＿＿＿年＿＿＿＿＿月＿＿＿＿＿日

被调查者姓名：＿＿＿＿＿＿＿＿＿

调查员姓名：＿＿＿＿＿＿＿＿＿

一、农户基本信息

1.1. 户主性别_____①男；②女，户主年龄_____

1.2. 户主受教育程度_____

①未上过学；②小学；③初中；④高中（中专、职高）；⑤大专；⑥本科及以上

1.3. 家庭成员最高受教育程度_____

①未上过学；②小学；③初中；④高中（中专、职高）；⑤大专；⑥本科及以上

1.4. 户主身份（可多选）_____

①村干部；②党员；③退伍军人；④普通村民；⑤外来人员

1.5. 家庭成员中是否有村干部_____①是；②否

1.6. 家庭人口数_____人，劳动力个数_____人，从事农业生产的劳动力_____人

1.7. 您家共有耕地_____亩。其中：租赁（流入）土地_____亩

1.8. 距离最近的集镇_____公里。

1.9. 是否加入合作社_____①是；②否

1.10. 2019年家庭年收入总共_____元，其中农业收入_____元，粮食作物生产收入_____元，水果蔬菜生产收入_____元；肉蛋禽生产收入_____元；水产养殖收入_____元

1.11. 从事农业生产的人员平均年龄_____：

①20~30岁；②31~40岁；③41~50岁；④51~60岁；⑤61岁以上

1.12. 您是否接受过农业技术培训_____①是；②否

1.13. 从事农业生产年限_____年。

1.14. 生产者类型_____①家庭农场；②种植大户；③示范户；④普通

农户

1.15. 所在村庄是否淘宝村_____①是；②否

二、农业生产与销售条件

2.1. 当地雇佣工价_____元/人/天，当地土地租赁费_____元/亩/年

2.2. 在农业生产中，您是否享受到政府政策支持_____①是；②否

2.3. 您得到政府补贴_____元，希望补贴_____元，最希望政府提供哪些政策支持_____？采用什么样的支持方式_____？

2.4. 当地的宽带覆盖情况_____①完全覆盖；②基本覆盖；③部分覆盖；④无

2.5. 当地的手机网络覆盖情况_____①完全覆盖；②基本覆盖；③部分覆盖；④无

2.6. 当地的快递物流情况_____①非常完善；②基本完善；③不太完善；④没有

三、农户对互联网的认知与态度

	极不赞同	不赞同	不确定	赞同	非常赞同
1. 互联网为您的生活带来极大便利					
2. 互联网为您的生产销售带来极大便利					
3. 互联网的普及有助于社会与经济发展					
4. 互联网技术的优点大于缺点					
5. 互联网为您提供了大量传统媒介无法获取的有用信息					
6. 电子商务已经成为农产品的主要销售方式之一					
7. 政府应该加大力度推进农产品电子商务的进一步发展					

四、农产品生产情况

（注：农业生产信息技术主要是指农户在种植、养殖过程通过互联网、网络系统、信息系统进行作业，比如：大棚控温、系统灌溉、水肥监测等）

4.1. 您家是否使用农业生产方面信息技术_____①是；②否

4.2. 您家农业信息技术主要应用于哪些品种_____

①粮食作物；②水果；③时蔬；④肉蛋禽类；⑤水产养殖

4.3. 您采用信息技术前考虑因素排序_____

①投入成本；②家庭经济水平；③技术风险；④政府支持；⑤技术难易程度；⑥其他

4.4. 您采用信息技术后担心因素排序_____

①技术效果小；②不会使用；③技术服务；④容易坏；⑤价格变化；⑥其他

4.5. 您关于农业生产信息技术的信息主要来自于（多选）_____

①技术人员的培训；②电视、报纸、广播等传统媒体；③手机、网络；④政府示范；⑤周围的种植户；⑥合作社、龙头企业、基地等生产组织；⑦其他

4.6. 您一般如何解决在生产中遇到的问题（多选）_____

①靠自己的经验；②找科技示范户或种植大户请教；③靠政府技术人员来指导；④依靠培训班学习的知识；⑤主动咨询政府农技部门；⑥上网查找答案；⑦向合作社、龙头企业、基地等生产组织求助；⑧专业蔬菜公司的指导；⑨看电视、报纸等；⑩其他

4.7. 您对采用了农业信息技术后的效果评价：

	极不赞同	不赞同	不确定	赞同	非常赞同
1. 农业信息技术降低了生产成本					
2. 农业信息技术节约了大量的劳动力					
3. 农业信息技术带来了额外的成本增加					
4. 农业信息技术提高农产品标准化程度					
5. 农业信息技术提高了生产管理效率					
6. 农业信息技术提高了产品的质量					
7. 农业信息技术改善了农业生产环境					

4.8. 您目前最需要的农业生产技术是（多选）_____

①新品种；②施肥技术；③灌溉技术；④病虫害防治技术；⑤土壤改良技术；⑥采收与保鲜贮藏技术；⑦其他

4.9. 您未来是否打算（继续）使用农业信息技术_____①是；②否

4.10. 您对农业信息技术的问题及建议：_____

五、农产品特性与销售

5.1. 家里生产最主要的农产品（3种）：Ⅰ_____Ⅱ_____Ⅲ_____

5.2. 农产品Ⅰ保存方式_____；农产品Ⅱ保存方式_____；农产品Ⅲ保存方式_____

①自然条件下可保存 7 天以上；②自然条件下可保存 3～7 天；③自然条件下只能保存 1～3 天；④低温（0～5℃）或者真空条件才能保存 1～7 天；⑤冰冻（0℃以下）才能保存

5.3. 农产品Ⅰ包装要求_____；农产品Ⅱ包装要求_____；农产品Ⅲ包装要求_____

①纸袋包装即可；②需简易的纸箱包装；③需硬皮纸箱包装；④需要纸箱＋泡沫包装；⑤对包装材料有严格的要求（容易腐烂）

5.4. 农产品Ⅰ地域性_____；农产品Ⅱ地域性_____；农产品Ⅲ地域性_____

①全国各地均有生产；②全国绝大部分地区可生产；③只有部分省份可以生产；④只有个别省份可以生产；⑤全国只有本地区有该品种

5.5. 2019 年主要农产品品牌化和互联网销售情况（相应位置打√）：

	注册品牌或商标		通过互联网销售			如政府提供渠道，未来是否愿意通过互联网销售部分产品		没有或者不愿意互联网销售的原因
	是	否	全部	部分	没有	是	否	见选项
农产品Ⅰ								
农产品Ⅱ								
农产品Ⅲ								

原因：①不知道怎么通过互联网销售；②觉得互联网销售不方便；③觉得互联网销售不划算；④觉得互联网销售不如线下销售；⑤其他原因_____

六、农产品电子商务的效益评价（以下简称电子商务）

	极不赞同	不赞同	不确定	赞同	非常赞同
1. 电子商务带来了额外的成本增加					
2. 电子商务降低了农产品总的销售成本					
3. 电子商务有助于提高产品标准化程度					
4. 电子商务刺激我们改进生产方式					
5. 电子商务有助于产品质量的提升					
6. 电子商务提高了产品销售的便利性					
7. 电子商务拓宽了农产品销售渠道					
8. 电子商务降低了农产品滞销风险					
9. 电子商务有利于提高农产品销售价格					
10. 电子商务显著提高了农产品销量					
11. 电子商务容易导致农产品价格波动					

附录 B "互联网＋农业"：
农产品电子商务消费者调查问卷

"互联网＋农业"：农产品电子商务消费者调查问卷

一、消费者基本信息

1.1. 您的性别_____①男；②女，

1.2. 您的年龄是_____

①22 岁以下；②22 ~ 30 岁；③31 ~ 40 岁；④41 ~ 50 岁；⑤51 岁以上

1.3. 您日常所在的地区属于_____①城镇；②乡村

1.4. 您具体所属的地区为_____省（直辖市）_____市（县）_____区（乡/村）

1.5. 您的受教育程度_____

①小学及以下；②初中；③高中（中专、职高）；④大专；⑤本科；⑥研究生及以上

1.6. 您的职业是_____

①学生；②公务员或国有企事业单位员工；③民营企业员工；④农民；⑤教师；⑥医护人员；⑦自由职业者；⑧其他_____

1.7. 您的月收入水平是_____

①2000 元以下；②2000～4000 元；③4001～6000 元；④6001～8000 元；⑤8000 元以上

1.8. 您家下厨做饭的频次是_____

①基本每天都在家做饭；②每周 3～6 天在家做饭；③每周 1～2 天在家做饭；④很少在家做饭

1.9. 您一般在线购买商品（网购）的频次是_____

①平均半年 1 次或更少；②平均每半年 3～5 次；③平均每月 1 次或更多；④平均每周 1 次或更多；⑤每天都买

1.10. 和您关系密切的身边人（或者亲朋好友）是否有人经营农产品网店或在网络平台销售农产品_____①是；②否

1.11. 和您关系密切的身边人（或者亲朋好友）是否在线购买过农产品_____①是；②否

1.12. 您是否在线购买过农产品_____①是；②否（如回答"否"直接转至第三部分）

二、在线购买农产品情况

2.1. 您在网上购买过以下哪些品类的农产品_____（可多选）

①肉禽蛋类；②新鲜水果；③时令蔬菜；④水产类；⑤粮油米面；⑥茶叶干果

2.2. 您在网上购买农产品的频次是_____

①平均半年 1 次或更少；②平均每半年 3～5 次；③平均每月 1 次或更多；④平均每周 1 次或更多；⑤每天都买

2.3. 您一般通过哪些在线购物平台购买农产品_____（可多选）

①普通电商平台（淘宝、京东等）；②专业生鲜电商平台（沱沱工社、本来生活、天天果园等）；③社交电商渠道（微商、微博、朋友圈和购物群等）；④其他

2.4. 是什么原因让您愿意在上述线上平台购买农产品_____（可多选）

①该线上平台的农产品价格相对便宜；②该线上平台的农产品品质优于大部分线下商店；③该线上平台的农产品品类齐全；④该线上平台信誉较好；⑤该线上平台经常打折；⑥该线上平台售后服务较好；⑦该线上平台购物简单方便；⑧该线上平台物流较好；⑨其他

2.5. 是什么原因让您愿意在网上购买前述品类的农产品_____（可多选）

①该类农产品在我所在地区线下难以买到；②该类农产品在线上购买更便宜；③该类农产品在线上购买品质更优或者不影响品质；④该类农产品在线上可选择的品种和品牌更多；⑤其他

2.6. 对农产品电子商务的认知态度

	极不赞同	不赞同	不确定	赞同	非常赞同
1. 互联网为您的生活带来极大便利					
2. 互联网的普及有助于社会与经济发展					
3. 互联网技术的优点大于缺点					
4. 互联网为您提供了大量传统媒介无法获取的有用信息					
5. 农产品电子商务已经成为农产品重要的销售方式之一					

续表

	极不赞同	不赞同	不确定	赞同	非常赞同
6. 农产品电子商务有助于提升农产品质量					
7. 农产品电子商务有助于提升农产品标准化程度					
8. 农产品电子商务有助于提升农产品销量					
9. 农产品电子商务有助于农产品价格合理提升					
10. 农产品电子商务有助于农民收入增加					
11. 政府应该加大力度推进农产品电子商务的进一步发展					

三、未在线购买农产品情况

3.1. 您不愿意在线购买农产品的原因是_____（可多选）

①习惯了现场挑选农产品，②担心网络购买农产品价格更高；③担心网络购买农产品的质量得不到保障；④担心网络购买农产品缺斤少两；⑤网络购买农产品售后服务得不到保障；⑥其他

3.2. 您认为以下哪个品类的农产品更加适合在网上销售_____（可多选）

①肉禽蛋类；②新鲜水果；③时令蔬菜；④水产类；⑤粮油米面；⑥茶叶干果

3.3. 该品类农产品适合网上销售原因是_____（可多选）

①该类农产品标准化和产品化程度较高；②该类农产品相较于其他品类更易于储存和运送；③该类农产品网上购买安全性更高；④该类农产品在本地市场较难买到

3.4. 在什么情况下您愿意尝试网上购买农产品_____

①网上销售的农产品足够便宜；②网上销售的农产品品质有保证；③网上销售的农产品售后服务有保证；④网上销售的农产品的包装和物流有保证；⑤其他

3.5. 对农产品电子商务的认知态度

	极不赞同	不赞同	不确定	赞同	非常赞同
1. 互联网为您的生活带来极大便利					
2. 互联网的普及有助于社会与经济发展					
3. 互联网技术的优点大于缺点					
4. 互联网为您提供了大量传统媒介无法获取的有用信息					
5. 农产品电子商务已经成为农产品重要的销售方式之一					
6. 农产品电子商务有助于提升农产品质量					
7. 农产品电子商务有助于提升农产品标准化程度					
8. 农产品电子商务有助于提升农产品销量					
9. 农产品电子商务有助于农产品价格合理提升					
10. 农产品电子商务有助于农民收入增加					
11. 政府应该加大力度推进农产品电子商务的进一步发展					

附录 C 国务院关于积极推进"互联网 +"行动的指导意见

国发〔2015〕40 号

各省、自治区、直辖市人民政府，国务院各部委、各直属机构：

"互联网 +"是把互联网的创新成果与经济社会各领域深度融合，推动技术进步、效率提升和组织变革，提升实体经济创新力和生产力，形成更广泛的以互联网为基础设施和创新要素的经济社会发展新形态。在全球新一轮科技革命和产业变革中，互联网与各领域的融合发展具有广阔前景和无限潜力，已成为不可阻挡的时代潮流，正对各国经济社会发展产生着战略性和全局性的影响。积极发挥我国互联网已经形成的比较优势，把握机遇，增强信心，加快推进"互联网 +"发展，有利于重塑创新体系、激发创新活力、培育新兴业态和创新公共服务模式，对打造大众创业、万众创新和增加公共产品、公共服务"双引擎"，主动适应和引领经济发展新常态，形成经济发展新动能，实现中国经济提质增效升级具有重要意义。

近年来，我国在互联网技术、产业、应用以及跨界融合等方面取得了积极进展，已具备加快推进"互联网 +"发展的坚实基础，但也存在传统企业运用互联网的意识和能力不足、互联网企业对传统产业理解不够深入、新业态发展面临体制机制障碍、跨界融合型人才严重匮乏等问题，亟待加以解决。为加快推动互联网与各领域深入融合和创新发展，充分发挥"互联网+"对稳增长、促改革、调结构、惠民生、防风险的重要作用，现就积极推进"互联网+"行动提出以下意见。

一、行动要求

（一）总体思路。

顺应世界"互联网+"发展趋势，充分发挥我国互联网的规模优势和应用优势，推动互联网由消费领域向生产领域拓展，加速提升产业发展水平，增强各行业创新能力，构筑经济社会发展新优势和新动能。坚持改革创新和市场需求导向，突出企业的主体作用，大力拓展互联网与经济社会各领域融合的广度和深度。着力深化体制机制改革，释放发展潜力和活力；着力做优存量，推动经济提质增效和转型升级；着力做大增量，培育新兴业态，打造新的增长点；着力创新政府服务模式，夯实网络发展基础，营造安全网络环境，提升公共服务水平。

（二）基本原则。

坚持开放共享。营造开放包容的发展环境，将互联网作为生产生活要素共享的重要平台，最大限度优化资源配置，加快形成以开放、共享为特征的经济社会运行新模式。

坚持融合创新。鼓励传统产业树立互联网思维，积极与"互联网+"相结合。推动互联网向经济社会各领域加速渗透，以融合促创新，最大程度汇聚各类市场要素的创新力量，推动融合性新兴产业成为经济发展新动力和新支柱。

坚持变革转型。充分发挥互联网在促进产业升级以及信息化和工业化深度融合中的平台作用，引导要素资源向实体经济集聚，推动生产方式和发展模式变革。创新网络化公共服务模式，大幅提升公共服务能力。

坚持引领跨越。巩固提升我国互联网发展优势，加强重点领域前瞻性布局，以互联网融合创新为突破口，培育壮大新兴产业，引领新一轮科技革命和产业变革，实现跨越式发展。

坚持安全有序。完善互联网融合标准规范和法律法规，增强安全意识，强化安全管理和防护，保障网络安全。建立科学有效的市场监管方式，促进市场有序发展，保护公平竞争，防止形成行业垄断和市场壁垒。

（三）发展目标。

到 2018 年，互联网与经济社会各领域的融合发展进一步深化，基于互联网的新业态成为新的经济增长动力，互联网支撑大众创业、万众创新的作用进一步增强，互联网成为提供公共服务的重要手段，网络经济与实体经济协同互动的发展格局基本形成。

——经济发展进一步提质增效。互联网在促进制造业、农业、能源、环保等产业转型升级方面取得积极成效，劳动生产率进一步提高。基于互联网的新兴业态不断涌现，电子商务、互联网金融快速发展，对经济提质增效的促进作用更加凸显。

——社会服务进一步便捷普惠。健康医疗、教育、交通等民生领域互联网应用更加丰富，公共服务更加多元，线上线下结合更加紧密。社会服务资源配置不断优化，公众享受到更加公平、高效、优质、便捷的服务。

——基础支撑进一步夯实提升。网络设施和产业基础得到有效巩固加强，应用支撑和安全保障能力明显增强。固定宽带网络、新一代移动通信网和下一代互联网加快发展，物联网、云计算等新型基础设施更加完备。人工智能等技术及其产业化能力显著增强。

——发展环境进一步开放包容。全社会对互联网融合创新的认识不断深入，互联网融合发展面临的体制机制障碍有效破除，公共数据资源开放取得实质性进展，相关标准规范、信用体系和法律法规逐步完善。

到 2025 年，网络化、智能化、服务化、协同化的"互联网＋"产业生态体系基本完善，"互联网＋"新经济形态初步形成，"互联网＋"成为经济社会创新发展的重要驱动力量。

二、重点行动

（一）"互联网＋"创业创新。

充分发挥互联网的创新驱动作用，以促进创业创新为重点，推动各类要素资源聚集、开放和共享，大力发展众创空间、开放式创新等，引导和推动全社会形成大众创业、万众创新的浓厚氛围，打造经济发展新引擎。（发展改革委、科技部、工业和信息化部、人力资源社会保障部、商务部等负责，列第一位者为牵头部门，下同）

1. 强化创业创新支撑。鼓励大型互联网企业和基础电信企业利用技术优势和产业整合能力，向小微企业和创业团队开放平台入口、数据信息、计算能力等资源，提供研发工具、经营管理和市场营销等方面的支持和服务，提高小微企业信息化应用水平，培育和孵化具有良好商业模式的创业企业。充分利用互联网基础条件，完善小微企业公共服务平台网络，集聚创业创新资源，为小微企业提供找得着、用得起、有保障的服务。

2. 积极发展众创空间。充分发挥互联网开放创新优势，调动全社会力量，支持创新工场、创客空间、社会实验室、智慧小企业创业基地等新型众创空间发展。充分利用国家自主创新示范区、科技企业孵化器、大学科技园、商贸企业集聚区、小微企业创业示范基地等现有条件，通过市场化方式构建一批创新与创业相结合、线上与线下相结合、孵化与投资相结合的众创空间，为创业者提供低成本、便利化、全要素的工作空间、网络空间、社交空间和资源共享空间。实施新兴产业"双创"行动，建立一批新兴产业"双创"示范基地，加快发展"互联网＋"创业网络体系。

3. 发展开放式创新。鼓励各类创新主体充分利用互联网，把握市场需求导向，加强创新资源共享与合作，促进前沿技术和创新成果及时转化，构建开放式创新体系。推动各类创业创新扶持政策与互联网开放平台联动协作，为创业团队和个人开发者提供绿色通道服务。加快发展创业服务业，积极推广众包、用户参与设计、云设计等新型研发组织模式，引导建立社会各界交流合作的平台，推动跨区域、跨领域的技术成果转移和协同创新。

（二）"互联网＋"协同制造。

推动互联网与制造业融合，提升制造业数字化、网络化、智能化水平，加强产业链协作，发展基于互联网的协同制造新模式。在重点领域推进智能制造、大规模个性化定制、网络化协同制造和服务型制造，打造一批网络化协同制造公共服务平台，加快形成制造业网络化产业生态体系。（工业和信息化部、发展改革委、科技部共同牵头）

1. 大力发展智能制造。以智能工厂为发展方向，开展智能制造试点示范，加快推动云计算、物联网、智能工业机器人、增材制造等技术在生产过程中的应用，推进生产装备智能化升级、工艺流程改造和基础数据共享。着力在工控系统、智能感知元器件、工业云平台、操作系统和工业软件等核心环节取得突破，加强工业大数据的开发与利用，有效支撑制造业智能化转型，构建开放、共享、协作的智能制造产业生态。

2. 发展大规模个性化定制。支持企业利用互联网采集并对接用户个性化需求，推进设计研发、生产制造和供应链管理等关键环节的柔性化改造，开展基于个性化产品的服务模式和商业模式创新。鼓励互联网企业整合市场信息，挖掘细分市场需求与发展趋势，为制造企业开展个性化定制提供决策支撑。

3. 提升网络化协同制造水平。鼓励制造业骨干企业通过互联网与产业链各环节紧密协同，促进生产、质量控制和运营管理系统全面互联，推行众包设计研发和网络化制造等新模式。鼓励有实力的互联网企业构建网络化协同制造公共服务平台，面向细分行业提供云制造服务，促进创新资源、生产能力、市场需求的集聚与对接，提升服务中小微企业能力，加快全社会多元化制造资源的有效协同，提高产业链资源整合能力。

4. 加速制造业服务化转型。鼓励制造企业利用物联网、云计算、大数据等技术，整合产品全生命周期数据，形成面向生产组织全过程的决策服务信息，为产品优化升级提供数据支撑。鼓励企业基于互联网开展故障预警、远程维护、质量诊断、远程过程优化等在线增值服务，拓展产品价值空间，实现从制造向"制造＋服务"的转型升级。

（三）"互联网＋"现代农业。

利用互联网提升农业生产、经营、管理和服务水平，培育一批网络化、智能化、精细化的现代"种养加"生态农业新模式，形成示范带动效应，加快完善新型农业生产经营体系，培育多样化农业互联网管理服务模式，逐步建立农副产品、农资质量安全追溯体系，促进农业现代化水平明显提升。（农业部、发展改革委、科技部、商务部、质检总局、食品药品监管总局、林业局等负责）

1. 构建新型农业生产经营体系。鼓励互联网企业建立农业服务平台，支撑专业大户、家庭农场、农民合作社、农业产业化龙头企业等新型农业生产经营主体，加强产销衔接，实现农业生产由生产导向向消费导向转变。提高农业生产经营的科技化、组织化和精细化水平，推进农业生产流通销售方式变革和农业发展方式转变，提升农业生产效率和增值空间。规范用好农村土地流转公共服务平台，提升土地流转透明度，保障农民权益。

2. 发展精准化生产方式。推广成熟可复制的农业物联网应用模式。在基础较好的领域和地区，普及基于环境感知、实时监测、自动控制的网络化农业环境监测系统。在大宗农产品规模生产区域，构建天地一体的农业物联网测控体系，实施智能节水灌溉、测土配方施肥、农机定位耕种等精准化作业。在畜禽标准化规模养殖基地和水产健康养殖示范基地，推动饲料精准投放、疾病自动诊断、废弃物自动回收等智能设备的应用普及和互联互通。

3. 提升网络化服务水平。深入推进信息进村入户试点，鼓励通过移动互联网为农民提供政策、市场、科技、保险等生产生活信息服务。支持互联网企业与农业生产经营主体合作，综合利用大数据、云计算等技术，建立农业信息监测体系，为灾害预警、耕地质量监测、重大动植物疫情防控、市场波动预测、经营科学决策等提供服务。

4. 完善农副产品质量安全追溯体系。充分利用现有互联网资源，构建农副产品质量安全追溯公共服务平台，推进制度标准建设，建立产地准出与市场准入衔接机制。支持新型农业生产经营主体利用互联网技术，对生产经营过程进行精细化信息化管理，加快推动移动互联网、物联网、二维码、无线射频识别等信息技术在生产加工和流通销售各环节的推广应用，强化上下游追溯体系对接和信息互通共享，不断扩大追溯体系覆盖面，实现农副产品"从农田到餐桌"全过程可追溯，保障"舌尖上的安全"。

（四）"互联网＋"智慧能源。

通过互联网促进能源系统扁平化，推进能源生产与消费模式革命，提高能源利用效率，推动节能减排。加强分布式能源网络建设，提高可再生能源占比，促进能源利用结构优化。加快发电设施、用电设施和电网智能化改造，提高电力系统的安全性、稳定性和可靠性。（能源局、发展改革委、工业和信息化部等负责）

1. 推进能源生产智能化。建立能源生产运行的监测、管理和调度信息公共服务网络，加强能源产业链上下游企业的信息对接和生产消费智能化，支撑电厂和电网协调运行，促进非化石能源与化石能源协同发电。鼓励能源企业运用大数据技术对设备状态、电能负载等数据进行分析挖掘与预测，开展精准调度、故障判断和预测性维护，提高能源利用效率和安全稳定运行水平。

2. 建设分布式能源网络。建设以太阳能、风能等可再生能源为主体的多能源协调互补的能源互联网。突破分布式发电、储能、智能微网、主动配电网等关键技术，构建智能化电力运行监测、管理技术平台，使电力设备和用电终端基于互联网进行双向通信和智能调控，实现分布式电源的及时有效接入，逐步建成开放共享的能源网络。

3. 探索能源消费新模式。开展绿色电力交易服务区域试点，推进以智能电网为配送平台，以电子商务为交易平台，融合储能设施、物联网、智能用电设施等硬件以及碳交易、互联网金融等衍生服务于一体的绿色能源网络发展，实现绿色电力的点到点交易及实时配送和补贴结算。进一步加强能源生产和消费协调匹配，推进电动汽车、港口岸电等电能替代技术的应用，推广电力需求侧管理，提高能源利用效率。基于分布式能源网络，发展用户端智能化用能、能源共享经济和能源自由交易，促进能源消费生态体系建设。

4. 发展基于电网的通信设施和新型业务。推进电力光纤到户工程，完善能源互联网信息通信系统。统筹部署电网和通信网深度融合的网络基础设施，实现同缆传输、共建共享，避免重复建设。鼓励依托智能电网发展家庭能效管理等新型业务。

（五）"互联网＋"普惠金融。

促进互联网金融健康发展，全面提升互联网金融服务能力和普惠水平，鼓励互联网与银行、证券、保险、基金的融合创新，为大众提供丰富、安全、便捷的金融产品和服务，更好满足不同层次实体经济的投融资需求，培育一批具有行业影响力的互联网金融创新型企业。（人民银行、银监会、证监会、保监会、发展改革委、工业和信息化部、网信办等负责）

1. 探索推进互联网金融云服务平台建设。探索互联网企业构建互联网金融云服务平台。在保证技术成熟和业务安全的基础上，支持金融企业与云计算技术提供商合作开展金融公共云服务，提供多样化、个性化、精准化的金融产品。支持银行、证券、保险企业稳妥实施系统架构转型，鼓励探索利用云服务平台开展金融核心业务，提供基于金融云服务平台的信用、认证、接口等公共服务。

2. 鼓励金融机构利用互联网拓宽服务覆盖面。鼓励各金融机构利用云计算、移动互联网、大数据等技术手段，加快金融产品和服务创新，在更广泛地区提供便利的存贷款、支付结算、信用中介平台等金融服务，拓宽普惠金融服务范围，为实体经济发展提供有效支撑。支持金融机构和互联网企业依法合规开展网络借贷、网络证券、网络保险、互联网基金销售等业务。扩大专业互联网保险公司试点，充分发挥保险业在防范互联网金融风险中的作用。推动金融集成电路卡（IC 卡）全面应用，提升电子现金的使用率和便捷性。发挥移动金融安全可信公共服务平台（MTPS）的作用，积极推动商业银行开展移动金融创新应用，促进移动金融在电子商务、公共服务等领域的规模应用。支持银行业金融机构借助互联网技术发展消费信贷业务，支持金融租赁公司利用互联网技术开展金融租赁业务。

3. 积极拓展互联网金融服务创新的深度和广度。鼓励互联网企业依法合规提供创新金融产品和服务，更好满足中小微企业、创新型企业和个人的投融资需求。规范发展网络借贷和互联网消费信贷业务，探索互联网金融服务创新。积极引导风险投资基金、私募股权投资基金和产业投资基金投资于互联网金融企业。利用大数据发展市场化个人征信业务，加快网络征信和信用评价体系建设。加强互联网金融消费权益保护和投资者保护，建立多元化金融消费纠纷解决机制。改进和完善互联网金融监管，提高金融服务安全性，有效防范互联网金融风险及其外溢效应。

（六）"互联网＋"益民服务。

充分发挥互联网的高效、便捷优势，提高资源利用效率，降低服务消费成本。大力发展以互联网为载体、线上线下互动的新兴消费，加快发展基于互联网的医疗、健康、养老、教育、旅游、社会保障等新兴服务，创新政府服务模式，提升政府科学决策能力和管理水平。（发展改革委、教育部、工业和信息化部、民政部、人力资源社会保障部、商务部、卫生计生委、质检总局、食品药品监管总局、林业局、旅游局、网信办、信访局等负责）

1. 创新政府网络化管理和服务。加快互联网与政府公共服务体系的深度融合，推动公共数据资源开放，促进公共服务创新供给和服务资源整合，构建面向公众的一体化在线公共服务体系。积极探索公众参与的网络化社会管理服务新模式，充分利用互联网、移动互联网应用平台等，加快推进政务新媒体发展建设，加强政府与公众的沟通交流，提高政府公共管理、公共服务和公共政策制定的响应速度，提升政府科学决策能力和社会治理水平，促进政府职能转变和简政放权。深入推进网上信访，提高信访工作质量、效率和公信力。鼓励政府和互联网企业合作建立信用信息共享平台，探索开展一批社会治理互联网应用试点，打通政府部门、企事业单位之间的数据壁垒，利用大数据分析手段，提升各级政府的社会治理能力。加强对"互联网＋"行动的宣传，提高公众参与度。

2. 发展便民服务新业态。发展体验经济，支持实体零售商综合利用网上商店、移动支付、智能试衣等新技术，打造体验式购物模式。发展社区经济，在餐饮、娱乐、家政等领域培育线上线下结合的社区服务新模式。发展共享经济，规范发展网络约租车，积极推广在线租房等新业态，着力破除准入门槛高、服务规范难、个人征信缺失等瓶颈制约。发展基于互联网的文化、媒体和旅游等服务，培育形式多样的新型业态。积极推广基于移动互联网入口的城市服务，开展网上社保办理、个人社保权益查询、跨地区医保结算等互联网应用，让老百姓足不出户享受便捷高效的服务。

3. 推广在线医疗卫生新模式。发展基于互联网的医疗卫生服务，支持第三方机构构建医学影像、健康档案、检验报告、电子病历等医疗信息共享服务平台，逐步建立跨医院的医疗数据共享交换标准体系。积极利用移动互联网提供在线预约诊疗、候诊提醒、划价缴费、诊疗报告查询、药品配送等便捷服务。引导医疗机构面向中小城市和农村地区开展基层检查、上级诊断等远程医疗服务。鼓励互联网企业与医疗机构合作建立医疗网络信息平台，加强区域医疗卫生服务资源整合，充分利用互联网、大数据等手段，提高重大疾病和突发公共卫生事件防控能力。积极探索互联网延伸医嘱、电子处方等网络医疗健康服务应用。鼓励有资质的医学检验机构、医疗服务机构联合互联网企业，发展基因检测、疾病预防等健康服务模式。

4. 促进智慧健康养老产业发展。支持智能健康产品创新和应用，推广全面量化健康生活新方式。鼓励健康服务机构利用云计算、大数据等技术搭建公共信息平台，提供长期跟踪、预测预警的个性化健康管理服务。发展第三方在线健康市场调查、咨询评价、预防管理等应用服务，提升规范化和专业化运营水平。依托现有互联网资源和社会力量，以社区为基础，搭建养老信息服务网络平台，提供护理看护、健康管理、康复照料等居家养老服务。鼓励养老服务机构应用基于移动互联网的便携式体检、紧急呼叫监控等设备，提高养老服务水平。

5. 探索新型教育服务供给方式。鼓励互联网企业与社会教育机构根据市场需求开发数字教育资源，提供网络化教育服务。鼓励学校利用数字教育资源及教育服务平台，逐步探索网络化教育新模式，扩大优质教育资源覆盖面，促进教育公平。鼓励学校通过与互联网企业合作等方式，对接线上线下教育资源，探索基础教育、职业教育等教育公共服务提供新方式。推动开展学历教育在线课程资源共享，推广大规模在线开放课程等网络学习模式，探索建立网络学习学分认定与学分转换等制度，加快推动高等教育服务模式变革。

（七）"互联网＋"高效物流。

加快建设跨行业、跨区域的物流信息服务平台，提高物流供需信息对接和使用效率。鼓励大数据、云计算在物流领域的应用，建设智能仓储体系，优化物流运作流程，提升物流仓储的自动化、智能化水平和运转效率，降低物流成

本。（发展改革委、商务部、交通运输部、网信办等负责）

1. 构建物流信息共享互通体系。发挥互联网信息集聚优势，聚合各类物流信息资源，鼓励骨干物流企业和第三方机构搭建面向社会的物流信息服务平台，整合仓储、运输和配送信息，开展物流全程监测、预警，提高物流安全、环保和诚信水平，统筹优化社会物流资源配置。构建互通省际、下达市县、兼顾乡村的物流信息互联网络，建立各类可开放数据的对接机制，加快完善物流信息交换开放标准体系，在更广范围促进物流信息充分共享与互联互通。

2. 建设深度感知智能仓储系统。在各级仓储单元积极推广应用二维码、无线射频识别等物联网感知技术和大数据技术，实现仓储设施与货物的实时跟踪、网络化管理以及库存信息的高度共享，提高货物调度效率。鼓励应用智能化物流装备提升仓储、运输、分拣、包装等作业效率，提高各类复杂订单的出货处理能力，缓解货物囤积停滞瓶颈制约，提升仓储运管水平和效率。

3. 完善智能物流配送调配体系。加快推进货运车联网与物流园区、仓储设施、配送网点等信息互联，促进人员、货源、车源等信息高效匹配，有效降低货车空驶率，提高配送效率。鼓励发展社区自提柜、冷链储藏柜、代收服务点等新型社区化配送模式，结合构建物流信息互联网络，加快推进县到村的物流配送网络和村级配送网点建设，解决物流配送"最后一公里"问题。

（八）"互联网+"电子商务。

巩固和增强我国电子商务发展领先优势，大力发展农村电商、行业电商和跨境电商，进一步扩大电子商务发展空间。电子商务与其他产业的融合不断深化，网络化生产、流通、消费更加普及，标准规范、公共服务等支撑环境基本完善。（发展改革委、商务部、工业和信息化部、交通运输部、农业部、海关总署、税务总局、质检总局、网信办等负责）

1. 积极发展农村电子商务。开展电子商务进农村综合示范，支持新型农业经营主体和农产品、农资批发市场对接电商平台，积极发展以销定产模式。

完善农村电子商务配送及综合服务网络，着力解决农副产品标准化、物流标准化、冷链仓储建设等关键问题，发展农产品个性化定制服务。开展生鲜农产品和农业生产资料电子商务试点，促进农业大宗商品电子商务发展。

2. 大力发展行业电子商务。鼓励能源、化工、钢铁、电子、轻纺、医药等行业企业，积极利用电子商务平台优化采购、分销体系，提升企业经营效率。推动各类专业市场线上转型，引导传统商贸流通企业与电子商务企业整合资源，积极向供应链协同平台转型。鼓励生产制造企业面向个性化、定制化消费需求深化电子商务应用，支持设备制造企业利用电子商务平台开展融资租赁服务，鼓励中小微企业扩大电子商务应用。按照市场化、专业化方向，大力推广电子招标投标。

3. 推动电子商务应用创新。鼓励企业利用电子商务平台的大数据资源，提升企业精准营销能力，激发市场消费需求。建立电子商务产品质量追溯机制，建设电子商务售后服务质量检测云平台，完善互联网质量信息公共服务体系，解决消费者维权难、退货难、产品责任追溯难等问题。加强互联网食品药品市场监测监管体系建设，积极探索处方药电子商务销售和监管模式创新。鼓励企业利用移动社交、新媒体等新渠道，发展社交电商、"粉丝" 经济等网络营销新模式。

4. 加强电子商务国际合作。鼓励各类跨境电子商务服务商发展，完善跨境物流体系，拓展全球经贸合作。推进跨境电子商务通关、检验检疫、结汇等关键环节单一窗口综合服务体系建设。创新跨境权益保障机制，利用合格评定手段，推进国际互认。创新跨境电子商务管理，促进信息网络畅通、跨境物流便捷、支付及结汇无障碍、税收规范便利、市场及贸易规则互认互通。

（九）"互联网＋" 便捷交通。

加快互联网与交通运输领域的深度融合，通过基础设施、运输工具、运行信息等互联网化，推进基于互联网平台的便捷化交通运输服务发展，显著提高

交通运输资源利用效率和管理精细化水平，全面提升交通运输行业服务品质和科学治理能力。（发展改革委、交通运输部共同牵头）

1. 提升交通运输服务品质。推动交通运输主管部门和企业将服务性数据资源向社会开放，鼓励互联网平台为社会公众提供实时交通运行状态查询、出行路线规划、网上购票、智能停车等服务，推进基于互联网平台的多种出行方式信息服务对接和一站式服务。加快完善汽车健康档案、维修诊断和服务质量信息服务平台建设。

2. 推进交通运输资源在线集成。利用物联网、移动互联网等技术，进一步加强对公路、铁路、民航、港口等交通运输网络关键设施运行状态与通行信息的采集。推动跨地域、跨类型交通运输信息互联互通，推广船联网、车联网等智能化技术应用，形成更加完善的交通运输感知体系，提高基础设施、运输工具、运行信息等要素资源的在线化水平，全面支撑故障预警、运行维护以及调度智能化。

3. 增强交通运输科学治理能力。强化交通运输信息共享，利用大数据平台挖掘分析人口迁徙规律、公众出行需求、枢纽客流规模、车辆船舶行驶特征等，为优化交通运输设施规划与建设、安全运行控制、交通运输管理决策提供支撑。利用互联网加强对交通运输违章违规行为的智能化监管，不断提高交通运输治理能力。

（十）"互联网＋"绿色生态。

推动互联网与生态文明建设深度融合，完善污染物监测及信息发布系统，形成覆盖主要生态要素的资源环境承载能力动态监测网络，实现生态环境数据互联互通和开放共享。充分发挥互联网在逆向物流回收体系中的平台作用，促进再生资源交易利用便捷化、互动化、透明化，促进生产生活方式绿色化（发展改革委、环境保护部、商务部、林业局等负责）

1. 加强资源环境动态监测。针对能源、矿产资源、水、大气、森林、草原、湿地、海洋等各类生态要素，充分利用多维地理信息系统、智慧地图等技术，结合互联网大数据分析，优化监测站点布局，扩大动态监控范围，构建资源环境承载能力立体监控系统。依托现有互联网、云计算平台，逐步实现各级政府资源环境动态监测信息互联共享。加强重点用能单位能耗在线监测和大数据分析。

2. 大力发展智慧环保。利用智能监测设备和移动互联网，完善污染物排放在线监测系统，增加监测污染物种类，扩大监测范围，形成全天候、多层次的智能多源感知体系。建立环境信息数据共享机制，统一数据交换标准，推进区域污染物排放、空气环境质量、水环境质量等信息公开，通过互联网实现面向公众的在线查询和定制推送。加强对企业环保信用数据的采集整理，将企业环保信用记录纳入全国统一的信用信息共享交换平台。完善环境预警和风险监测信息网络，提升重金属、危险废物、危险化学品等重点风险防范水平和应急处理能力。

3. 完善废旧资源回收利用体系。利用物联网、大数据开展信息采集、数据分析、流向监测，优化逆向物流网点布局。支持利用电子标签、二维码等物联网技术跟踪电子废物流向，鼓励互联网企业参与搭建城市废弃物回收平台，创新再生资源回收模式。加快推进汽车保险信息系统、"以旧换再"管理系统和报废车管理系统的标准化、规范化和互联互通，加强废旧汽车及零部件的回收利用信息管理，为互联网企业开展业务创新和便民服务提供数据支撑。

4. 建立废弃物在线交易系统。鼓励互联网企业积极参与各类产业园区废弃物信息平台建设，推动现有骨干再生资源交易市场向线上线下结合转型升级，逐步形成行业性、区域性、全国性的产业废弃物和再生资源在线交易系统，完善线上信用评价和供应链融资体系，开展在线竞价，发布价格交易指数，提高稳定供给能力，增强主要再生资源品种的定价权。

（十一）"互联网＋"人工智能。

依托互联网平台提供人工智能公共创新服务，加快人工智能核心技术突破，促进人工智能在智能家居、智能终端、智能汽车、机器人等领域的推广应用，培育若干引领全球人工智能发展的骨干企业和创新团队，形成创新活跃、开放合作、协同发展的产业生态。（发展改革委、科技部、工业和信息化部、网信办等负责）

1. 培育发展人工智能新兴产业。建设支撑超大规模深度学习的新型计算集群，构建包括语音、图像、视频、地图等数据的海量训练资源库，加强人工智能基础资源和公共服务等创新平台建设。进一步推进计算机视觉、智能语音处理、生物特征识别、自然语言理解、智能决策控制以及新型人机交互等关键技术的研发和产业化，推动人工智能在智能产品、工业制造等领域规模商用，为产业智能化升级夯实基础。

2. 推进重点领域智能产品创新。鼓励传统家居企业与互联网企业开展集成创新，不断提升家居产品的智能化水平和服务能力，创造新的消费市场空间。推动汽车企业与互联网企业设立跨界交叉的创新平台，加快智能辅助驾驶、复杂环境感知、车载智能设备等技术产品的研发与应用。支持安防企业与互联网企业开展合作，发展和推广图像精准识别等大数据分析技术，提升安防产品的智能化服务水平。

3. 提升终端产品智能化水平。着力做大高端移动智能终端产品和服务的市场规模，提高移动智能终端核心技术研发及产业化能力。鼓励企业积极开展差异化细分市场需求分析，大力丰富可穿戴设备的应用服务，提升用户体验。推动互联网技术以及智能感知、模式识别、智能分析、智能控制等智能技术在机器人领域的深入应用，大力提升机器人产品在传感、交互、控制等方面的性能和智能化水平，提高核心竞争力。

三、保障支撑

（一）夯实发展基础。

1. 巩固网络基础。加快实施"宽带中国"战略，组织实施国家新一代信息基础设施建设工程，推进宽带网络光纤化改造，加快提升移动通信网络服务能力，促进网间互联互通，大幅提高网络访问速率，有效降低网络资费，完善电信普遍服务补偿机制，支持农村及偏远地区宽带建设和运行维护，使互联网下沉为各行业、各领域、各区域都能使用，人、机、物泛在互联的基础设施。增强北斗卫星全球服务能力，构建天地一体化互联网络。加快下一代互联网商用部署，加强互联网协议第 6 版（IPv6）地址管理、标识管理与解析，构建未来网络创新试验平台。研究工业互联网网络架构体系，构建开放式国家创新试验验证平台。（发展改革委、工业和信息化部、财政部、国资委、网信办等负责）

2. 强化应用基础。适应重点行业融合创新发展需求，完善无线传感网、行业云及大数据平台等新型应用基础设施。实施云计算工程，大力提升公共云服务能力，引导行业信息化应用向云计算平台迁移，加快内容分发网络建设，优化数据中心布局。加强物联网网络架构研究，组织开展国家物联网重大应用示范，鼓励具备条件的企业建设跨行业物联网运营和支撑平台。（发展改革委、工业和信息化部等负责）

3. 做实产业基础。着力突破核心芯片、高端服务器、高端存储设备、数据库和中间件等产业薄弱环节的技术瓶颈，加快推进云操作系统、工业控制实时操作系统、智能终端操作系统的研发和应用。大力发展云计算、大数据等解决方案以及高端传感器、工控系统、人机交互等软硬件基础产品。运用互联网理念，构建以骨干企业为核心、产学研用高效整合的技术产业集群，打造国际先进、自主可控的产业体系。（工业和信息化部、发展改革委、科技部、网信办等负责）

4. 保障安全基础。制定国家信息领域核心技术设备发展时间表和路线图，提升互联网安全管理、态势感知和风险防范能力，加强信息网络基础设施安全防护和用户个人信息保护。实施国家信息安全专项，开展网络安全应用示范，提高"互联网＋"安全核心技术和产品水平。按照信息安全等级保护等制度和网络安全国家标准的要求，加强"互联网＋"关键领域重要信息系统的安全保障。建设完善网络安全监测评估、监督管理、标准认证和创新能力体系。重视融合带来的安全风险，完善网络数据共享、利用等的安全管理和技术措施，探索建立以行政评议和第三方评估为基础的数据安全流动认证体系，完善数据跨境流动管理制度，确保数据安全。（网信办、发展改革委、科技部、工业和信息化部、公安部、安全部、质检总局等负责）

（二）强化创新驱动。

1. 加强创新能力建设。鼓励构建以企业为主导，产学研用合作的"互联网＋"产业创新网络或产业技术创新联盟。支持以龙头企业为主体，建设跨界交叉领域的创新平台，并逐步形成创新网络。鼓励国家创新平台向企业特别是中小企业在线开放，加大国家重大科研基础设施和大型科研仪器等网络化开放力度。（发展改革委、科技部、工业和信息化部、网信办等负责）

2. 加快制定融合标准。按照共性先立、急用先行的原则，引导工业互联网、智能电网、智慧城市等领域基础共性标准、关键技术标准的研制及推广。加快与互联网融合应用的工控系统、智能专用装备、智能仪表、智能家居、车联网等细分领域的标准化工作。不断完善"互联网＋"融合标准体系，同步推进国际国内标准化工作，增强在国际标准化组织（ISO）、国际电工委员会（IEC）和国际电信联盟（ITU）等国际组织中的话语权。（质检总局、工业和信息化部、网信办、能源局等负责）

3. 强化知识产权战略。加强融合领域关键环节专利导航，引导企业加强知识产权战略储备与布局。加快推进专利基础信息资源开放共享，支持在线知识产权服务平台建设，鼓励服务模式创新，提升知识产权服务附加值，支持中小微企业知识产权创造和运用。加强网络知识产权和专利执法维权工作，严厉打击各种网络侵权假冒行为。增强全社会对网络知识产权的保护意识，推动建立"互联网＋"知识产权保护联盟，加大对新业态、新模式等创新成果的保护力度。（知识产权局牵头）

4. 大力发展开源社区。鼓励企业自主研发和国家科技计划（专项、基金等）支持形成的软件成果通过互联网向社会开源。引导教育机构、社会团体、企业或个人发起开源项目，积极参加国际开源项目，支持组建开源社区和开源基金会。鼓励企业依托互联网开源模式构建新型生态，促进互联网开源社区与标准规范、知识产权等机构的对接与合作。（科技部、工业和信息化部、质检总局、知识产权局等负责）

（三）营造宽松环境。

1. 构建开放包容环境。贯彻落实《中共中央　国务院关于深化体制机制改革加快实施创新驱动发展战略的若干意见》，放宽融合性产品和服务的市场准入限制，制定实施各行业互联网准入负面清单，允许各类主体依法平等进入未纳入负面清单管理的领域。破除行业壁垒，推动各行业、各领域在技术、标准、监管等方面充分对接，最大限度减少事前准入限制，加强事中事后监管。继续深化电信体制改革，有序开放电信市场，加快民营资本进入基础电信业务。加快深化商事制度改革，推进投资贸易便利化。（发展改革委、网信办、教育部、科技部、工业和信息化部、民政部、商务部、卫生计生委、工商总局、质检总局等负责）

2. 完善信用支撑体系。加快社会征信体系建设，推进各类信用信息平台无缝对接，打破信息孤岛。加强信用记录、风险预警、违法失信行为等信息资源在线披露和共享，为经营者提供信用信息查询、企业网上身份认证等服务。充分利用互联网积累的信用数据，对现有征信体系和评测体系进行补充和完

善，为经济调节、市场监管、社会管理和公共服务提供有力支撑。（发展改革委、人民银行、工商总局、质检总局、网信办等负责）

3. 推动数据资源开放。研究出台国家大数据战略，显著提升国家大数据掌控能力。建立国家政府信息开放统一平台和基础数据资源库，开展公共数据开放利用改革试点，出台政府机构数据开放管理规定。按照重要性和敏感程度分级分类，推进政府和公共信息资源开放共享，支持公众和小微企业充分挖掘信息资源的商业价值，促进互联网应用创新。（发展改革委、工业和信息化部、国务院办公厅、网信办等负责）

4. 加强法律法规建设。针对互联网与各行业融合发展的新特点，加快"互联网+"相关立法工作，研究调整完善不适应"互联网+"发展和管理的现行法规及政策规定。落实加强网络信息保护和信息公开有关规定，加快推动制定网络安全、电子商务、个人信息保护、互联网信息服务管理等法律法规。完善反垄断法配套规则，进一步加大反垄断法执行力度，严格查处信息领域企业垄断行为，营造互联网公平竞争环境。（法制办、网信办、发展改革委、工业和信息化部、公安部、安全部、商务部、工商总局等负责）

（四）拓展海外合作。

1. 鼓励企业抱团出海。结合"一带一路"等国家重大战略，支持和鼓励具有竞争优势的互联网企业联合制造、金融、信息通信等领域企业率先走出去，通过海外并购、联合经营、设立分支机构等方式，相互借力，共同开拓国际市场，推进国际产能合作，构建跨境产业链体系，增强全球竞争力。（发展改革委、外交部、工业和信息化部、商务部、网信办等负责）

2. 发展全球市场应用。鼓励"互联网+"企业整合国内外资源，面向全球提供工业云、供应链管理、大数据分析等网络服务，培育具有全球影响力的"互联网+"应用平台。鼓励互联网企业积极拓展海外用户，推出适合不同市场文化的产品和服务。（商务部、发展改革委、工业和信息化部、网信办等负责）

3. 增强走出去服务能力。充分发挥政府、产业联盟、行业协会及相关中介机构作用，形成支持"互联网＋"企业走出去的合力。鼓励中介机构为企业拓展海外市场提供信息咨询、法律援助、税务中介等服务。支持行业协会、产业联盟与企业共同推广中国技术和中国标准，以技术标准走出去带动产品和服务在海外推广应用。（商务部、外交部、发展改革委、工业和信息化部、税务总局、质检总局、网信办等负责）

（五）加强智力建设。

1. 加强应用能力培训。鼓励地方各级政府采用购买服务的方式，向社会提供互联网知识技能培训，支持相关研究机构和专家开展"互联网＋"基础知识和应用培训。鼓励传统企业与互联网企业建立信息咨询、人才交流等合作机制，促进双方深入交流合作。加强制造业、农业等领域人才特别是企业高层管理人员的互联网技能培训，鼓励互联网人才与传统行业人才双向流动。（科技部、工业和信息化部、人力资源社会保障部、网信办等负责）

2. 加快复合型人才培养。面向"互联网＋"融合发展需求，鼓励高校根据发展需要和学校办学能力设置相关专业，注重将国内外前沿研究成果尽快引入相关专业教学中。鼓励各类学校聘请互联网领域高级人才作为兼职教师，加强"互联网＋"领域实验教学。（教育部、发展改革委、科技部、工业和信息化部、人力资源社会保障部、网信办等负责）

3. 鼓励联合培养培训。实施产学合作专业综合改革项目，鼓励校企、院企合作办学，推进"互联网＋"专业技术人才培训。深化互联网领域产教融合，依托高校、科研机构、企业的智力资源和研究平台，建立一批联合实训基地。建立企业技术中心和院校对接机制，鼓励企业在院校建立"互联网＋"研发机构和实验中心。（教育部、发展改革委、科技部、工业和信息化部、人力资源社会保障部、网信办等负责）

4. 利用全球智力资源。充分利用现有人才引进计划和鼓励企业设立海外研发中心等多种方式，引进和培养一批"互联网＋"领域高端人才。完善移民、签证等制度，形成有利于吸引人才的分配、激励和保障机制，为引进海外人才提供有利条件。支持通过任务外包、产业合作、学术交流等方式，充分利用全球互联网人才资源。吸引互联网领域领军人才、特殊人才、紧缺人才在我国创业创新和从事教学科研等活动。（人力资源社会保障部、发展改革委、教育部、科技部、网信办等负责）

（六）加强引导支持。

1. 实施重大工程包。选择重点领域，加大中央预算内资金投入力度，引导更多社会资本进入，分步骤组织实施"互联网＋"重大工程，重点促进以移动互联网、云计算、大数据、物联网为代表的新一代信息技术与制造、能源、服务、农业等领域的融合创新，发展壮大新兴业态，打造新的产业增长点。（发展改革委牵头）

2. 加大财税支持。充分发挥国家科技计划作用，积极投向符合条件的"互联网＋"融合创新关键技术研发及应用示范。统筹利用现有财政专项资金，支持"互联网＋"相关平台建设和应用示范等。加大政府部门采购云计算服务的力度，探索基于云计算的政务信息化建设运营新机制。鼓励地方政府创新风险补偿机制，探索"互联网＋"发展的新模式。（财政部、税务总局、发展改革委、科技部、网信办等负责）

3. 完善融资服务。积极发挥天使投资、风险投资基金等对"互联网＋"的投资引领作用。开展股权众筹等互联网金融创新试点，支持小微企业发展。支持国家出资设立的有关基金投向"互联网＋"，鼓励社会资本加大对相关创新型企业的投资。积极发展知识产权质押融资、信用保险保单融资增信等服务，鼓励通过债券融资方式支持"互联网＋"发展，支持符合条件的"互联网＋"企业发行公司债券。开展产融结合创新试点，探索股权和债权相结合的融资服务。降低创新型、成长型互联网企业的上市准入门槛，结合证券法修订和股票发行注册制改革,支持处于特定成长阶段、发展前景好但尚未盈利的互联网企业在创业板上市。推动银行业金融机构创新信贷产品与金融服务,加大贷款投放力度。鼓励开发性金融机构为"互联网＋"重点项目建设提供有效融资支持。(人民银行、发展改革委、银监会、证监会、保监会、网信办、开发银行等负责)

(七)做好组织实施。

1. 加强组织领导。建立"互联网＋"行动实施部际联席会议制度,统筹协调解决重大问题,切实推动行动的贯彻落实。联席会议设办公室,负责具体工作的组织推进。建立跨领域、跨行业的"互联网＋"行动专家咨询委员会,为政府决策提供重要支撑。(发展改革委牵头)

2. 开展试点示范。鼓励开展"互联网＋"试点示范,推进"互联网＋"区域化、链条化发展。支持全面创新改革试验区、中关村等国家自主创新示范区、国家现代农业示范区先行先试,积极开展"互联网＋"创新政策试点,破除新兴产业行业准入、数据开放、市场监管等方面政策障碍,研究适应新兴业态特点的税收、保险政策,打造"互联网＋"生态体系。(各部门、各地方政府负责)

3. 有序推进实施。各地区、各部门要主动作为,完善服务,加强引导,以动态发展的眼光看待"互联网＋",在实践中大胆探索拓展,相互借鉴"互联网＋"融合应用成功经验,促进"互联网＋"新业态、新经济发展。有关部门要加强统筹规划,提高服务和管理能力。各地区要结合实际,研究制定适合本地的"互联网＋"行动落实方案,因地制宜,合理定位,科学组织实施,杜绝盲目建设和重复投资,务实有序推进"互联网＋"行动。(各部门、各地方政府负责)

国务院

2015 年 7 月 1 日

附录 D　国务院办公厅关于促进农村电子商务加快发展的指导意见

国办发〔2015〕78 号

各省、自治区、直辖市人民政府，国务院各部委、各直属机构：

农村电子商务是转变农业发展方式的重要手段，是精准扶贫的重要载体。通过大众创业、万众创新，发挥市场机制作用，加快农村电子商务发展，把实体店与电商有机结合，使实体经济与互联网产生叠加效应，有利于促消费、扩内需，推动农业升级、农村发展、农民增收。经国务院批准，现就促进农村电子商务加快发展提出以下意见：

一、指导思想

全面贯彻党的十八大和十八届三中、四中、五中全会精神，落实国务院决策部署，按照全面建成小康社会目标和新型工业化、信息化、城镇化、农业现代化同步发展的要求，深化农村流通体制改革，创新农村商业模式，培育和壮大农村电子商务市场主体，加强基础设施建设，完善政策环境，加快发展线上线下融合、覆盖全程、综合配套、安全高效、便捷实惠的现代农村商品流通和服务网络。

二、发展目标

到 2020 年，初步建成统一开放、竞争有序、诚信守法、安全可靠、绿色环保的农村电子商务市场体系，农村电子商务与农村一二三产业深度融合，在推动农民创业就业、开拓农村消费市场、带动农村扶贫开发等方面取得明显成效。

三、重点任务

（一）积极培育农村电子商务市场主体。充分发挥现有市场资源和第三方平台作用，培育多元化农村电子商务市场主体，鼓励电商、物流、商贸、金融、供销、邮政、快递等各类社会资源加强合作，构建农村购物网络平台，实现优势资源的对接与整合，参与农村电子商务发展。

（二）扩大电子商务在农业农村的应用。在农业生产、加工、流通等环节，加强互联网技术应用和推广。拓宽农产品、民俗产品、乡村旅游等市场，在促进工业品、农业生产资料下乡的同时，为农产品进城拓展更大空间。加强运用电子商务大数据引导农业生产，促进农业发展方式转变。

（三）改善农村电子商务发展环境。硬环境方面，加强农村流通基础设施建设，提高农村宽带普及率，加强农村公路建设，提高农村物流配送能力；软环境方面，加强政策扶持，加强人才培养，营造良好市场环境。

四、政策措施

（一）加强政策扶持。深入开展电子商务进农村综合示范，优先在革命老区和贫困地区实施，有关财政支持资金不得用于网络交易平台的建设。制订出台农村电子商务服务规范和工作指引，指导地方开展工作。加快推进信息进村入户工作。加快推进适应电子商务的农产品分等分级、包装运输标准制定和应用。把电子商务纳入扶贫开发工作体系，以建档立卡贫困村为工作重点，提升贫困户运用电子商务创业增收的能力，鼓励引导电商企业开辟革命老区和贫困地区特色农产品网上销售平台，与合作社、种养大户等建立直采直供关系，增加就业和增收渠道。

（二）鼓励和支持开拓创新。鼓励地方、企业等因地制宜，积极探索农村电子商务新模式。开展农村电子商务创新创业大赛，调动返乡高校毕业生、返乡青年和农民工、大学生村官、农村青年、巾帼致富带头人、退伍军人等参与农村电子商务的积极性。开展农村电子商务强县创建活动，发挥其带动和引领作用。鼓励供销合作社创建农产品电子商务交易平台。引导各类媒体加大农村电子商务宣传力度，发掘典型案例，推广成功经验。

（三）大力培养农村电商人才。实施农村电子商务百万英才计划，对农民、合作社和政府人员等进行技能培训，增强农民使用智能手机的能力，积极利用移动互联网拓宽电子商务渠道，提升为农民提供信息服务的能力。有条件的地区可以建立专业的电子商务人才培训基地和师资队伍，努力培养一批既懂理论又懂业务、会经营网店、能带头致富的复合型人才。引导具有实践经验的电子商务从业者从城镇返乡创业，鼓励电子商务职业经理人到农村发展。

（四）加快完善农村物流体系。加强交通运输、商贸流通、农业、供销、邮政等部门和单位及电商、快递企业对相关农村物流服务网络和设施的共享衔接，加快完善县乡村农村物流体系，鼓励多站合一、服务同网。鼓励传统农村商贸企业建设乡镇商贸中心和配送中心，发挥好邮政普遍服务的优势，发展第三方配送和共同配送，重点支持老少边穷地区物流设施建设，提高流通效率。加强农产品产地集配和冷链等设施建设。

（五）加强农村基础设施建设。完善电信普遍服务补偿机制，加快农村信息基础设施建设和宽带普及。促进宽带网络提速降费，结合农村电子商务发展，持续提高农村宽带普及率。以建制村通硬化路为重点加快农村公路建设，推进城乡客运一体化，推动有条件的地区实施农村客运线路公交化改造。

（六）加大金融支持力度。鼓励村级电子商务服务点、助农取款服务点相互依托建设，实现优势互补、资源整合，提高利用效率。支持银行业金融机构和支付机构研发适合农村特点的网上支付、手机支付、供应链贷款等金融产品，加强风险控制，保障客户信息和资金安全。加大对电子商务创业农民尤其是青年农民的授信和贷款支持。简化农村网商小额短期贷款手续。符合条件的农村网商，可按规定享受创业担保贷款及贴息政策。

（七）营造规范有序的市场环境。加强网络市场监管，强化安全和质量要求，打击制售假冒伪劣商品、虚假宣传、不正当竞争和侵犯知识产权等违法行为，维护消费者合法权益，促进守法诚信经营。督促第三方平台加强内部管理，规范主体准入，遏制"刷信用"等欺诈行为。维护公平竞争的市场秩序，推进农村电子商务诚信建设。

五、组织实施

各地区、各部门要进一步提高认识，加强组织领导和统筹协调，落实工作责任，完善工作机制，切实抓好各项政策措施的落实。

地方各级人民政府特别是县级人民政府要结合本地实际，因地制宜制订实施方案，出台具体措施；充分发挥农村基层组织的带头作用，整合农村各类资源，积极推动农村电子商务发展。同时，加强规划引导，防止盲目发展和低水平竞争。

各部门要明确分工，密切协作，形成合力。商务部要会同有关部门加强统筹协调、跟踪督查，及时总结和推广经验，确保各项任务措施落实到位。

国务院办公厅

2015 年 10 月 31 日

附录 E "互联网+"现代农业 三年行动实施方案

按照《国务院关于积极推进"互联网+"行动的指导意见》（国发〔2015〕40号，以下简称《指导意见》）的部署要求，为有力有序有效推进"互联网+"现代农业行动，加强农业与信息技术融合，提高农业信息化水平，引领驱动农业现代化加快发展，制定本实施方案。

一、总体要求

（一）指导思想

全面贯彻党的十八大和十八届三中、四中、五中全会精神，深入贯彻习近平总书记系列重要讲话特别是有关发展信息化的指示精神，牢固树立和贯彻落实创新、协调、绿色、开放、共享的发展理念，主动适应把握引领经济发展新常态，紧紧围绕推进农业现代化和农业供给侧结构性改革的目标任务，坚持需求导向、创新驱动、强化应用、引领发展的推进策略，以推动现代信息技术在农业生产、经营、管理、服务各环节和农村经济社会各领域深度融合为工作主线，以推进农业在线化和数据化为根本任务，切实抓好《指导意见》相关政策措施的落实，大力发展智慧农业，强化体制机制创新，全面提高农业信息化水平，推动农业技术进步、效率提升和组织变革，培育发展农业信息经济，为加快实现农业现代化、夯实全面建成小康社会基础提供强大创新动力。

（二）基本原则

——政府引导、市场主体。充分发挥市场配置资源的决定性作用，引导农业产业化龙头企业、农民合作社、家庭农场、专业大户、互联网企业等市场主体积极参与，培育形成市场主导的运营机制和模式，同时发挥政府在战略引领、规划指导、政策支持、标准规范制订、市场监管、公共服务等方面的引导作用。

——需求导向、融合创新。围绕农业转型升级、农民增收致富、城乡协调发展的实际需求，瞄准农业供给侧结构性改革的目标任务，把握农业农村互联网应用的特点和趋势，运用跨界、融合、创新、共享的互联网思维，促进信息技术在农业各行业、各领域、各环节的应用，有效对接生产和流通，创新"互联网+"现代农业新业态，拓展"三农"发展新空间，形成大众创业、万众创新新局面。

——因地制宜、循序渐进。根据各地经济社会发展水平和信息化基础，顺应农业现代化发展需要，明确本区域"互联网+"现代农业发展方向、思路、目标和任务。遵循信息化发展规律，先易后难，重点突破，避免脱离实际、盲目跟风，切实保障"互联网+"现代农业健康有序发展。

——统筹规划、示范带动。做好前期谋划和顶层设计，在农业物联网、农业电子商务、农业电子政务、信息进村入户、农业大数据、农产品质量安全、一二三产业融合发展等重点领域开展试点示范，总结成功经验，优化配套政策，强化推广应用，将"互联网+"现代农业的典型模式推广为普遍实践。

（三）总体目标

到 2018 年，互联网与"三农"的融合发展取得显著成效，农业的在线化、数据化取得明显进展，管理高效化和服务便捷化基本实现，生产智能化和经营网络化迈上新台阶，城乡"数字鸿沟"进一步缩小，大众创业、万众创新的良好局面基本形成，有力支撑农业现代化水平明显提升。

——农业生产经营进一步提质增效。大力推进物联网在农业生产中的应用，在国家现代农业示范区、国家农产品质量安全县、国家农业标准化示范区、"三园两场"（蔬菜、水果、茶叶标准园，畜禽养殖标准示范场、水产健康养殖场）及农民合作社国家示范社率先取得突破；建成一批大田种植、设施园艺、畜禽养殖、水产养殖物联网示范基地；熟化一批农业物联网关键技术和成套设备，推广一批节本增效农业物联网应用模式；大力发展农业电子商务，大幅提升农产品、农业生产资料、休闲农业电子商务水平。

——农业管理进一步高效透明。农业资源管理、应急指挥、行政审批和综合执法等基本实现在线化和数据化；建成国家和省级农业农村大数据中心，基本实现农业行业管理决策精细化、科学化；初步建成农副产品质量安全追溯公共服务平台，实现农副产品和食品从农田到餐桌的全程追溯，保障"舌尖上的安全"。

——农业服务进一步便捷普惠。信息进村入户村级服务站建设覆盖到全国行政村总数的一半以上，并同步接入全国信息进村入户总平台；12316 服务范围和人群显著增加，为农民提供政策、市场、技术等生产生活信息服务的效能大幅提升；农业社会化服务体系初步建立，信息服务、物流配送"最后一公里"问题得到明显缓解。

二、主要任务

（一）"互联网+"新型农业经营主体

鼓励家庭农场、合作社、龙头企业等新型农业经营主体运用互联网新思维、新技术、新模式改造流通方式、管理方式和经营方式，发挥在现代农业建设中的引领作用。支持新型农业经营主体带动农户积极应用农业物联网和电子商务，探索农户创业创新新模式。加强新型职业农民培育信息化建设，为新型职业农民提供在线教育培训、移动互联服务、在线管理考核和政策配套等服务。推动新型职业农民与互联网深度融合发展，鼓励电子商务、互联网金融等互联网企业提供发展便利条件，通过创业大赛、创客论坛等多种形式搭建交流平台，引导投资机构、中介组织、专家学者等支持新型职业农民创业创新。组织开展农民手机等移动终端应用技能培训，充分发挥各级农业部门现有培训项目、资源和体系，动员企业等社会各界力量广泛参与，提高农民运用手机上网发展生产、便利生活和增收致富的能力和水平。深入推行科技特派员制度，打造"星创天地"，壮大农村科技创新创业队伍。（农业部、科技部）

（二）"互联网＋"现代种植业

引导各地大力发展精准农业，在高标准农田、现代农业示范区、绿色高产高效创建和模式攻关区、园艺作物标准园等大宗粮食和特色经济作物规模生产区域，以及农民合作社国家示范社等主体，构建天地一体的农业物联网测控体系，实施农情信息监测预警、农作物种植遥感监测、农作物病虫监测预警、农产品产地质量安全监测、水肥一体化和智能节水灌溉、测土配方施肥、农机定位耕种等精准化作业。以农技服务、农资服务、农机服务、金融服务为主要内容，搭建线上农业经营服务体系，提供现代农业"一站式"服务。加强农作物种子物联网推广应用，形成以品种"身份证"数据为核心的种子市场监管体系。结合农田深松作业、农机跨区作业需求，加大国产导航技术和智能农机装备的应用，提高种、肥、药精准使用及一体化作业水平，显著提高农机作业质量和效率。将遥感技术、地理信息系统、定位系统与农业物联网结合，开展自然灾害分析预警与农作物产量预测，着力提升种植业生产管理的信息化水平。（农业部）

（三）"互联网＋"现代林业

运用互联网思维，创新林业治理理念，提高林业治理效率。运用信息化技术推进林权改革、国有林场和国有林区改革，加快转变林业生产方式，实现林业产业提质增效，帮助林农脱贫致富。建设林权流转、林产品流通、碳汇交易的全周期服务平台，大力推广应用林权一卡通系统、林产品交易平台、林地测土配方系统等成果，加大现代信息技术在林业生态补偿、林权流转交易、林业产业培育、生产加工过程、流通销售环节的融合力度，建设林业产业转型升级服务新模式。（国家林业局）

（四）"互联网+"现代畜牧业

构建生产、加工、经营、监管的综合信息数据平台，面向规模化畜禽养殖场、农民合作社国家示范社等畜牧业新型经营主体，大力推广基于物联网技术的养殖场环境智能监控系统和养殖个体体征智能监测系统，通过对养殖环境因子和畜禽个体生长状况的监测，实现精细饲喂、疫病预警和科学繁育，提高生产效率，降低养殖风险。加强挤奶、饲喂、清理等养殖作业机器人示范应用，推进奶牛养殖现代化。采用二维码、射频识别等技术构建畜禽全生命周期安全监管监测系统，全程记录养殖、屠宰、流通等环节信息，实现从养殖源头到零售终端的双向追踪，确保畜禽产品质量安全，确保不发生区域性重大动物疫情疫病。利用电子追溯码标识和应用程序等技术手段，建立兽药产品查询和追溯管理系统，全面加强兽药生产、经营和使用监管，实现全程追溯管理。（农业部）

（五）"互联网+"现代渔业

构建集渔业生产情况、市场价格、生态环境和渔船、渔港、船员为一体的渔业渔政管理信息系统，推动卫星通信、物联网等技术在渔业行业的应用，提高渔业信息化水平。整合构建渔业产业数据中心，推进渔业渔政管理数据资源共享开放。面向全国水产健康养殖示范县（场），大力推广基于物联网技术的水产养殖水体环境实时监控、饵料自动精准投喂、鱼类病害监测预警、专家远程咨询诊断等系统，实现水产养殖集约化、装备工程化、测控精准化和管理智

能化。推动电信运营商在沿海渔村、近海渔区的网络覆盖，实现移动终端在渔村的广泛应用。（农业部）

（六）"互联网＋"农产品质量安全

推动移动互联网、大数据、云计算、物联网等新一代信息技术在食用农产品生产环节的推广应用，提升信息采集的自动化水平，建设质量安全追溯平台，加强出口农产品质量安全示范区与互联网深度融合，强化上下游追溯体系业务协作协同和信息共建共享，形成全国一盘棋的农产品质量安全追溯体系。加强农产品产地环境监测、产地安全保障与风险预警的网络化监控与诊断。加强种子、肥料、农药、饲料、饲料添加剂、兽药等农资产品的质量安全追溯体系建设，实现对主要农资产品生产、经营和使用的全程追溯管理。加强动物标识及动物产品追溯体系、动物疫病与动物卫生监督体系建设，构建从养殖到屠宰的全链条追溯监管平台。加快建立健全追溯制度、技术规范和标准体系，加强网络监管，规范追溯信息采集、发布行为，加强信用体系建设，建立健全农产品质量安全公共服务体系。（农业部、质检总局、食品药品监管总局）

（七）"互联网＋"农业电子商务

大力发展农业电子商务，带动农业市场化，倒逼农业标准化，促进农业规模化，提升农业品牌化，推动农业转型升级、农村经济发展、农民创业增收。提升新型农业经营主体电子商务应用能力，推动农产品、农业生产资料和休闲农业相关优质产品和服务上网销售，大力培育农业电子商务市场主体，形成一批具有重要影响力的农业电子商务龙头企业和品牌。加强网络、加工、包装、物流、冷链、仓储、支付等基础设施建设，推动农产品分等分级、产品包装、物流配送、业务规范等标准体系建设，完善农业电子商务发展基础环境。开展农业电子商务试点示范，鼓励相关经营主体进行技术、机制、模式创新，探索农产品线上与线下相结合的发展模式，推动生鲜农产品直配和农业生产资料下乡率先取得突破。推进农产品批发市场信息技术应用，加强批发市场信息服务平台建设，提升信息服务能力，推动批发市场创新发展农产品电子商务。加快推进农产品跨境电子商务发展，促进农产品进出口贸易。推动农业电子商务相关数据信息共享开放，加强信息监测统计、发布服务工作。（农业部、发展改革委、中央网信办、商务部、质检总局）

（八）"互联网＋"美丽乡村

将互联网思维融入农村经济建设、政治建设、文化建设、社会建设和生态文明建设，完善美丽乡村建设标准，促进农村绿色生态发展和社会管理、公共服务升级。加强农村资源、生态、环境的监测和保护，促进生态环境数据共享开放，加快实现网络监督，维护农村绿色化生产生活方式，将生态优势转化为发展优势。建立健全农村集体资产管理信息网络平台，推进农村集体经营性资产承包、租赁、处置和资源性资产开发等集体决策公开透明规范。建设和完善农村公共服务云平台，面向基层农民开展科技和文化知识远程教育、远程医疗咨询、转移就业、农村养老、医疗保险、农业保险等服务，促进城乡公共服务均等化。推进特色乡村旅游景区推介、文化遗产展示、食宿预定、土特产网购、地理定位、移动支付等资源和服务在线化。鼓励构建面向"三农"的互联网金融服务平台，运用大数据等技术创新信用评估方式，降低服务门槛和风险，突破物理网点限制，通过 POS 机、手机银行、网上银行和网络借贷平台等方式为农业经营主体提供电子化金融服务。（农业部、发展改革委、质检总局）

（九）"互联网＋"农业农村大数据

加强顶层设计和统筹协调，切实推进数据共享开放、开发利用，强化大数据关键技术研发，创新大数据管理机制体制，推动形成覆盖全面、业务协同、上下贯通、众筹共享的发展格局。加强农业农村经济大数据建设，完善村、县相关数据采集、传输、共享基础设施，建立数据采集、处理、应用、服务体系，着力推进数据汇集与挖掘。加快建设全球农业数据调查分析系统，推进国家农业数据中心云化升级，整合构建国家农业农村大数据中心，建立省级分中心，实现系统互联互通、资源共建共享、业务协作协同。重点推进粮食和重要农产品、动植物疫病虫害防控、重要农业生产资料、农业资源环境、农村经营管理、农业科技推广培训、现代农作物种业、农机应用管理、渔业渔政管理、农垦经济社会及农业标准的数据资源整合开发应用，全面提升农业政务信息化能力和水平。加强对各国农业资源禀赋、科技创新、投资贸易、政策环境等基础信息收集、挖掘和应用，建立农业走出去政策信息库、重点项目库及高端人才数据库，构建农业走出去公共信息服务平台，建立信息共建共享机制。（农业部、发展改革委、质检总局、中央网信办）

（十）"互联网＋"农业信息服务

运用互联网技术和成果满足农民生产生活信息需求，深入推进信息进村入户工程，广泛依托现有各类"三农"服务网络体系，加快益农信息社建设进度，加强进村入户基础资源信息和服务支撑体系建设。促进全国农业公益性服务提档升级，健全完善全国统一的 12316 工作体系，打造功能完备的 12316 中央平台，全面对接农业科技服务云平台和种植业、畜牧业、渔业、农机、种业、农产品质量安全等行业信息平台，集聚服务资源，完善运行机制，提升服务能力。整合农业部门信息资源，实现政策法规、农业科教、农产品市场行情等信息服务资源率先在平台上线，加快推进相关部门涉农信息服务在平台共享。推进电信、银行、保险、供销、交通、邮政、医院、水电气等便民服务上线，实现农产品、农业生产资料和消费品在线销售，切实做好网络课堂、免费WIFI、免费视频通话等培训体验，为农民提供足不出村的便捷服务。（农业部）

（十一）"互联网＋"基础设施

推进"宽带中国"战略在农村地区的深入实施，落实以宽带为重点内容的电信普遍服务补偿机制，加快农村宽带基础设施建设，推动电信运营商在农村地区进一步提速降费，实现农村家庭宽带升级，加快智能手机等移动终端的广泛使用。以应用为导向，推动"互联网＋"基础设施由信息通信网络建设向装备的智能化倾斜，加快实现农田基本建设、现代种业工程、畜禽水产工厂化养殖、农产品贮藏加工等设施的信息化。支持创新工场、创客空间、星创空间、社会实验室等新型众创空间发展，建立网络协同、云设计、众创众设等合作交流平台，构建基于互联网的农业科技成果转化应用新通道，实现跨区域、跨领域的农业技术协同创新和成果转化。大力推进以移动互联网、云计算、大数据、物联网为代表的新一代互联网基础设施的建设与应用，支撑基于互联网的各类创新。（发展改革委、中央网信办、科技部、农业部）

三、重大工程

（一）农业物联网区域试验工程

大力推进物联网在农业生产中的应用，在国家现代农业示范区率先取得突破；建成一批大田种植、设施园艺、畜禽养殖、水产养殖物联网示范基地；研发一批农业物联网产品和技术，熟化一批农业物联网成套设备，推广一批节本增效农业物联网应用模式，加强推广应用。重点加强成熟度、营养组分、形态、有害物残留、产品包装标识等传感器研发，推进动植物环境（土壤、水、大气）、生命信息（生长、发育、营养、病变、胁迫等）传感器熟化，促进数据传输、数据处理、智能控制、信息服务的设备和软件开发。研究物联网技术在不同产品、不同领域的集成、组装模式和技术实现路径，促进农业物联网基础理论研究，探索构建国家农业物联网标准体系及相关公共服务平台。推进农业生产集约化、工程装备化、作业精准化和管理信息化，为农业物联网广泛推广应用奠定基础。（农业部、发展改革委、科技部、质检总局）

（二）农业电子商务示范工程

探索农产品、农业生产资料、休闲农业等不同类别农业电子商务的发展路径。融合产业链、价值链、供应链，开展鲜活农产品网上销售应用示范。培育农业电子商务应用主体，推进新型农业经营主体对接电商平台。开展鲜活农产品、农业生产资料、休闲农业等电子商务试点。构建农业电子商务标准体系、进出境动植物疫情防控体系、全程冷链物流配送体系、质量安全追溯体系和质量监督管理体系。（农业部、发展改革委、中央网信办、质检总局）

（三）信息进村入户工程

加大信息进村入户试点力度，2016 年覆盖所有省份，并在试点县中认定一批示范县；2017 年试点范围扩大到 1/10 以上的县；2018 年覆盖 10 万个以上行政村，并在东部、中部、西部地区，选择信息进村入户基础较好县（市），建立标准化、可复制的县级服务站点 100 个，辐射带动建设村级信息综合服务站 20000 个。建设全国信息进村入户平台，完善农产品生产信息服务、农业科技信息服务、农产品消费信息服务、农产品市场信息服务、农村生活服务类通用服务系统和 APP。探索政府引导、市场主体的市场化运营模式，培育一批信息综合服务的运营企业、服务企业，培育一批能服务、会经营的信息应用主体，助力精准扶贫。（农业部、发展改革委、中央网信办）

（四）农机精准作业示范工程

开展农机智能监测终端和智能化农机作业装备的产业化应用，构建区域性农机全程精准作业运维服务平台，依托"互联网＋"创新模式，促进互联网与农机作业融合，研制定型产品 15 个以上，在全国推广应用 20000 套以上，探索公益性和商业化应用相结合的可持续发展应用模式，平台服务农机 30000 台以上，推广应用面积 7000 万亩，推进"互联网＋农机精准作业"模式的创新发展，促进我国农机装备信息化产业链的发展，带动传统产业升级改造。（农业部）

（五）测土配方施肥手机信息服务示范工程

结合"到 2020 年化肥使用量零增长行动"和测土配方施肥工作的开展，

选择一批条件较好的县，以玉米、水稻、小麦、蔬菜、果树等作物为主，开展测土配方施肥手机信息服务试点示范。以县为单位，构建测土配方施肥属性和空间数据库，开发应用县域测土配方施肥专家咨询系统，建设基层智能化配肥服务网点。开展相关系统优化升级、互动式语音应答（IVR）平台能力升级、"两微一端"多渠道综合接入等工作。深入推进农企合作，积极探索政府和社会资本合作模式（PPP）试点，鼓励和支持企业利用现代网络技术开展测土配方施肥手机信息服务。（农业部）

（六）农业信息经济示范区

依托国家现代农业示范区，采用政府统筹、市场主体的方式，建立一批具有可持续发展能力的农业信息经济示范区。全面推进农业物联网、农业电子商务、政务信息化、信息进村入户和 12316 公益服务等建设，推进资源配置优化、服务供给高效、运营模式创新、金融服务拓展、智能装备推广等，深入探索运用信息化技术促进农业农村经济发展的模式和方法。在农业信息经济示范区率先实现传统农业在线化数据化改造，基本实现管理高效化和服务便捷化，生产智能化和经营网络化迈上新台阶，农业信息化综合发展水平超过 60%。（农业部、中央网信办）

四、保障措施

（一）提高思想认识

农业是全面建成小康社会和实现现代化的基础。推进"互联网+"现代农业是党中央、国务院作出的重大决策，是顺应信息经济发展趋势、补齐"四化"短板的必然选择，是全面建成小康社会、实现城乡发展一体化的战略支点，对加快推进农业现代化、实现中华民族伟大复兴的中国梦具有重要意义。各级农业部门和参与各方要抓住千载难逢的历史机遇，充分认识到"互联网+"在推动农业转型升级、实现"四化同步"的重要性艰巨性，切实增强责任感使命感。同时，要贯彻落实新发展理念，增强跨界融合创新的互联网意识，积极争取当地党委政府和有关部门的支持，充分调动企业主体和基层农民的积极性和创造性，把互联网作为推进"三农"工作新的驱动力，加快互联网与产业链、价值链和供应链深度融合，驱动农业"跨越发展"、助力农民"弯道超车"、缩小城乡"数字鸿沟"，加快推进中国特色农业现代化建设。

（二）加强组织领导

充分发挥"互联网+"行动部际联席会议制度和专家咨询委员会的作用，加强统筹协调，形成工作合力。各级政府有关部门要把实施"互联网+"现代农业行动作为保障国家粮食安全、农产品质量安全、促进农民持续增收、打赢脱贫攻坚战、推进农村经济社会可持续发展的重大举措来抓，积极出台配套政策，提供良好发展环境。各级农业部门要切实担起牵头责任，协同相关部门建立联席工作机制，明确负责机构和人员，制定工作方案，细化政策措施，狠抓任务落实，确保行动顺利实施。建立"互联网+"现代农业专家组，为决策和实施提供支撑。探索建立"互联网+"现代农业行动绩效管理制度和农业信息化水平评价指标体系。

（三）强化政策引导

各级农业部门要会同相关部门，制定完善"互联网+"现代农业行动实施的规章制度，探索政府与企业合作共赢的工作机制。在国家发展改革委统筹协调下，积极争取落实财政资金和基本建设投资，抓紧实施一批重大工程和示范项目，加大技术创新、设备研发、示范推广、人才培训等的投入力度。坚持政府引导、市场推动，拓展融资渠道，鼓励投融资机构、企业等社会资本以多种方式共同推动，鼓励设立农业信息化发展投资基金，扶持创新发展的骨干企业和产业联盟。深入推进简政放权、放管结合、优化服务改革，实行负面清单制度，加强事中事后监管，激发行动实施的潜力和活力。

（四）完善技术支撑

选择重点领域，加大财政资金投入力度，引导社会资本进入，有计划地组织实施"互联网+"现代农业重大工程，重点推进农业物联网、电子商务、大数据、综合信息服务等领域的融合创新。建立一批"互联网+"现代农业示范工程，熟化农业传感器、无线传感网络、智能控制终端等物联网技术和装备，加强数据挖掘、关联分析、知识发现等大数据技术在农业中的应用。加快推进农业数据采集、交换、共享，农业物联网传感器及传感节点、通信接口、平台，电子商务分等分级、产品包装、物流配送，信息综合服务技术规范等标准体系建设。加快推进全国农业信息化评价指标体系，组织开展测评试点工作。深入贯彻国家信息安全战略，加强网络与信息系统安全基础设施建设，强化重要信息系统和数据资源保护，落实农业信息网络安全的责任，提高网络和信息系统的防攻击、防篡改、防瘫痪、防窃密等能力，切实保障信息安全。

附录 F 国务院办公厅关于促进平台经济规范健康发展的指导意见

国办发〔2019〕38 号

各省、自治区、直辖市人民政府，国务院各部委、各直属机构：

互联网平台经济是生产力新的组织方式，是经济发展新动能，对优化资源配置、促进跨界融通发展和大众创业万众创新、推动产业升级、拓展消费市场尤其是增加就业，都有重要作用。要坚持以习近平新时代中国特色社会主义思想为指导，深入贯彻落实党的十九大和十九届二中、三中全会精神，持续深化"放管服"改革，围绕更大激发市场活力，聚焦平台经济发展面临的突出问题，遵循规律、顺势而为，加大政策引导、支持和保障力度，创新监管理念和方式，落实和完善包容审慎监管要求，推动建立健全适应平台经济发展特点的新型监管机制，着力营造公平竞争市场环境。为促进平台经济规范健康发展，经国务院同意，现提出以下意见。

一、优化完善市场准入条件，降低企业合规成本

（一）推进平台经济相关市场主体登记注册便利化。放宽住所（经营场所）登记条件，经营者通过电子商务类平台开展经营活动的，可以使用平台提供的网络经营场所申请个体工商户登记。指导督促地方开展"一照多址"

改革探索，进一步简化平台企业分支机构设立手续。放宽新兴行业企业名称登记限制，允许使用反映新业态特征的字词作为企业名称。推进经营范围登记规范化，及时将反映新业态特征的经营范围表述纳入登记范围。（市场监管总局负责）

（二）合理设置行业准入规定和许可。放宽融合性产品和服务准入限制，只要不违反法律法规，均应允许相关市场主体进入。清理和规范制约平台经济健康发展的行政许可、资质资格等事项，对仅提供信息中介和交易撮合服务的平台，除直接涉及人身健康、公共安全、社会稳定和国家政策另有规定的金融、新闻等领域外，原则上不要求比照平台内经营者办理相关业务许可。（各相关部门按职责分别负责）指导督促有关地方评估网约车、旅游民宿等领域的政策落实情况，优化完善准入条件、审批流程和服务，加快平台经济参与者合规化进程。（交通运输部、文化和旅游部等相关部门按职责分别负责）对仍处于发展初期、有利于促进新旧动能转换的新兴行业，要给予先行先试机会，审慎出台市场准入政策。（各地区、各部门负责）

（三）加快完善新业态标准体系。对部分缺乏标准的新兴行业，要及时制定出台相关产品和服务标准，为新产品新服务进入市场提供保障。对一些发展相对成熟的新业态，要鼓励龙头企业和行业协会主动制定企业标准，参与制定行业标准，提升产品质量和服务水平。（市场监管总局牵头，各相关部门按职责分别负责）

二、创新监管理念和方式，实行包容审慎监管

（一）探索适应新业态特点、有利于公平竞争的公正监管办法。本着鼓励创新的原则，分领域制定监管规则和标准，在严守安全底线的前提下为新业态发展留足空间。对看得准、已经形成较好发展势头的，分类量身定制适当的监管模式，避免用老办法管理新业态；对一时看不准的，设置一定的"观察期",防止一上来就管死;对潜在风险大、可能造成严重不良后果的,严格监管;对非法经营的,坚决依法予以取缔。各有关部门要依法依规夯实监管责任,优化机构监管,强化行为监管,及时预警风险隐患,发现和纠正违法违规行为。(发展改革委、中央网信办、工业和信息化部、市场监管总局、公安部等相关部门及各地区按职责分别负责)

(二)科学合理界定平台责任。明确平台在经营者信息核验、产品和服务质量、平台(含 APP)索权、消费者权益保护、网络安全、数据安全、劳动者权益保护等方面的相应责任,强化政府部门监督执法职责,不得将本该由政府承担的监管责任转嫁给平台。尊重消费者选择权,确保跨平台互联互通和互操作。允许平台在合规经营前提下探索不同经营模式,明确平台与平台内经营者的责任,加快研究出台平台尽职免责的具体办法,依法合理确定平台承担的责任。鼓励平台通过购买保险产品分散风险,更好保障各方权益。(各相关部门按职责分别负责)

(三)维护公平竞争市场秩序。制定出台网络交易监督管理有关规定,依法查处互联网领域滥用市场支配地位限制交易、不正当竞争等违法行为,严禁平台单边签订排他性服务提供合同,保障平台经济相关市场主体公平参与市场竞争。维护市场价格秩序,针对互联网领域价格违法行为特点制定监管措施,规范平台和平台内经营者价格标示、价格促销等行为,引导企业合法合规经营。(市场监管总局负责)

(四)建立健全协同监管机制。适应新业态跨行业、跨区域的特点,加强监管部门协同、区域协同和央地协同,充分发挥"互联网+"行动、网络市场监管、消费者权益保护、交通运输新业态协同监管等部际联席会议机制作用,提高监管效能。(发展改革委、市场监管总局、交通运输部等相关部门按职责分别负责)加大对跨区域网络案件查办协调力度,加强信息互换、执法互助,形成监管合力。鼓励行业协会商会等社会组织出台行业服务规范和自律

公约，开展纠纷处理和信用评价，构建多元共治的监管格局。（各地区、各相关部门按职责分别负责）

（五）积极推进"互联网＋监管"。依托国家"互联网＋监管"等系统，推动监管平台与企业平台联通，加强交易、支付、物流、出行等第三方数据分析比对，开展信息监测、在线证据保全、在线识别、源头追溯，增强对行业风险和违法违规线索的发现识别能力，实现以网管网、线上线下一体化监管。（国务院办公厅、市场监管总局等相关部门按职责分别负责）根据平台信用等级和风险类型，实施差异化监管，对风险较低、信用较好的适当减少检查频次，对风险较高、信用较差的加大检查频次和力度。（各相关部门按职责分别负责）

三、鼓励发展平台经济新业态，加快培育新的增长点

（一）积极发展"互联网＋服务业"。支持社会资本进入基于互联网的医疗健康、教育培训、养老家政、文化、旅游、体育等新兴服务领域，改造提升教育医疗等网络基础设施，扩大优质服务供给，满足群众多层次多样化需求。鼓励平台进一步拓展服务范围，加强品牌建设，提升服务品质，发展便民服务新业态，延伸产业链和带动扩大就业。鼓励商品交易市场顺应平台经济发展新趋势、新要求，提升流通创新能力，促进产销更好衔接。（教育部、民政部、商务部、文化和旅游部、卫生健康委、体育总局、工业和信息化部等相关部门按职责分别负责）

（二）大力发展"互联网＋生产"。适应产业升级需要，推动互联网平台与工业、农业生产深度融合，提升生产技术，提高创新服务能力，在实体经济中大力推广应用物联网、大数据，促进数字经济和数字产业发展，深入推进智能制造和服务型制造。深入推进工业互联网创新发展，加快跨行业、跨领域和企业级工业互联网平台建设及应用普及，实现各类生产设备与信息系统的广泛互联互通，推进制造资源、数据等集成共享，促进一二三产业、大中小企业融通发展。（工业和信息化部、农业农村部等相关部门按职责分别负责）

（三）深入推进"互联网＋创业创新"。加快打造"双创"升级版，依托互联网平台完善全方位创业创新服务体系，实现线上线下良性互动、创业创新资源有机结合，鼓励平台开展创新任务众包，更多向中小企业开放共享资源，支撑中小企业开展技术、产品、管理模式、商业模式等创新，进一步提升创业创新效能。（发展改革委牵头，各相关部门按职责分别负责）

（四）加强网络支撑能力建设。深入实施"宽带中国"战略，加快5G等新一代信息基础设施建设，优化提升网络性能和速率，推进下一代互联网、广播电视网、物联网建设，进一步降低中小企业宽带平均资费水平，为平台经济发展提供有力支撑。（工业和信息化部、发展改革委等相关部门按职责分别负责）

四、优化平台经济发展环境，夯实新业态成长基础

（一）加强政府部门与平台数据共享。依托全国一体化在线政务服务平台、国家"互联网＋监管"系统、国家数据共享交换平台、全国信用信息共享平台和国家企业信用信息公示系统，进一步归集市场主体基本信息和各类涉企许可信息，力争2019年上线运行全国一体化在线政务服务平台电子证照共享服务系统，为平台依法依规核验经营者、其他参与方的资质信息提供服务保障。（国务院办公厅、发展改革委、市场监管总局按职责分别负责）加强部门间数据共享，防止各级政府部门多头向平台索要数据。（发展改革委、中央网信办、市场监管总局、国务院办公厅等相关部门按职责分别负责）畅通政企数据双向流通机制，制定发布政府数据开放清单，探索建立数据资源确权、流通、交易、应用开发规则和流程，加强数据隐私保护和安全管理。（发展改革委、中央网信办等相关部门及各地区按职责分别负责）

（二）推动完善社会信用体系。加大全国信用信息共享平台开放力度，依法将可公开的信用信息与相关企业共享，支持平台提升管理水平。利用平台数据补充完善现有信用体系信息，加强对平台内失信主体的约束和惩戒。（发展改革委、市场监管总局负责）完善新业态信用体系，在网约车、共享单车、汽车分时租赁等领域，建立健全身份认证、双向评价、信用管理等机制，规范平台经济参与者行为。（发展改革委、交通运输部等相关部门按职责分别负责）

（三）营造良好的政策环境。各地区各部门要充分听取平台经济参与者的诉求，有针对性地研究提出解决措施，为平台创新发展和吸纳就业提供有力保障。（各地区、各部门负责）2019 年底前建成全国统一的电子发票公共服务平台，提供免费的增值税电子普通发票开具服务，加快研究推进增值税专用发票电子化工作。（税务总局负责）尽快制定电子商务法实施中的有关信息公示、零星小额交易等配套规则。（商务部、市场监管总局、司法部按职责分别负责）鼓励银行业金融机构基于互联网和大数据等技术手段，创新发展适应平台经济相关企业融资需求的金融产品和服务，为平台经济发展提供支持。允许有实力有条件的互联网平台申请保险兼业代理资质。（银保监会等相关部门按职责分别负责）推动平台经济监管与服务的国际交流合作，加强政策沟通，为平台企业走出去创造良好外部条件。（商务部等相关部门按职责分别负责）

五、切实保护平台经济参与者合法权益，强化平台经济发展法治保障

（一）保护平台、平台内经营者和平台从业人员等权益。督促平台按照公开、公平、公正的原则，建立健全交易规则和服务协议，明确进入和退出平台、商品和服务质量安全保障、平台从业人员权益保护、消费者权益保护等规定。（商务部、市场监管总局牵头，各相关部门按职责分别负责）抓紧研究完善平台企业用工和灵活就业等从业人员社保政策，开展职业伤害保障试点，积极推进全民参保计划，引导更多平台从业人员参保。加强对平台从业人员的职业技能培训，将其纳入职业技能提升行动。（人力资源社会保障部负责）强化知识产权保护意识。依法打击网络欺诈行为和以"打假"为名的敲诈勒索行为。（市场监管总局、知识产权局按职责分别负责）

（二）加强平台经济领域消费者权益保护。督促平台建立健全消费者投诉和举报机制，公开投诉举报电话，确保投诉举报电话有人接听，建立与市场监管部门投诉举报平台的信息共享机制，及时受理并处理投诉举报，鼓励行业组织依法依规建立消费者投诉和维权第三方平台。鼓励平台建立争议在线解决机制，制定并公示争议解决规则。依法严厉打击泄露和滥用用户信息等损害消费者权益行为。（市场监管总局等相关部门按职责分别负责）

（三）完善平台经济相关法律法规。及时推动修订不适应平台经济发展的相关法律法规与政策规定，加快破除制约平台经济发展的体制机制障碍。（司法部等相关部门按职责分别负责）

涉及金融领域的互联网平台，其金融业务的市场准入管理和事中事后监管，按照法律法规和有关规定执行。设立金融机构、从事金融活动、提供金融信息中介和交易撮合服务，必须依法接受准入管理。

各地区、各部门要充分认识促进平台经济规范健康发展的重要意义，按照职责分工抓好贯彻落实，压实工作责任，完善工作机制，密切协作配合，切实解决平台经济发展面临的突出问题，推动各项政策措施及时落地见效，重大情况及时报国务院。

国务院办公厅

2019 年 8 月 1 日